어른 연습

성숙한 삶을 위한
오유경의 마음사전

어른 연습

오유경 지음

오후의
서재

행복한 삶을 위한 어른 연습

'어른'은 단순히 나이 많은 사람을 일컫는 단어가 아닙니다. "우리 사회에 어른이 없다"는 말은 주변에 어른 대접 받고자 하는 사람은 많아도 지혜를 구할 만한 어른을 찾기가 쉽지 않기에 나오는 탄식일 겁니다. 나이가 어른의 기준이라면 고령 사회에 도달한 우리나라에 어른이 넘쳐나야 마땅하지 않을까요? 보통 우리는 나이 많은 사람이 그에 맞게 내면도 어른스러울 것이라 기대하지만, 내면을 성장시키려고 노력하지 않는 사람은 비뚤어진 '꼰대'나 나잇값 못하는 '어른이'가 되고 맙니다. 내면의 성장은 세월이 흐른다고 자동적으로 이뤄지거나 성공의 크기 혹은 사회적 지위만큼 얻을 수 있는 것이 아니니까요. 나이는 저절로 먹지만 어른은 저절로 될 수 없습니다.

내면을 성장시키는 데는 많은 노력과 고통이 따릅니다. 고통을 즐길 사람은 없을 겁니다. 그러나 인생에서 고통을 없애는 것 역시 불가능한 일입니다. 그저 마음의 크기를 키워 고통이 차지하는 비중을 상대적으로 줄일 수 있을 뿐입니다. 내면이 아픔, 분노, 질투, 미움의 감정으로 들끓지 않는 상태, 즉 '행복'이란 인생 후반기에 마음의 성장을 통해 비로소 다다를 수 있는 것입니다. 이것이 바로 어른이 된다는 의미입니다.

흔히 인생 후반기를 '인생 2막'이라고 표현하곤 합니다. 인생 2막이란 일에서 은퇴한 후 갖는 휴식기를 일컫는 말입니다. 이 단어는 인생에서 일하는 시기를 중요한 시기로, 쉬는 시기는 덜 중요한 시기로 여기게 합니다. 노동과 생산성이 인간 가치의 전부인 것처럼 말이지요. 더구나 요즘처럼 수명이 길어진 시대에 인생을 겨우 두 도막으로 구분하는 것은 적절치 않은 듯합니다.

저는 일, 성공, 가정의 균형을 지키기 위해 안간힘을 쓰는 시기를 지나, 건강과 행복을 최우선 가치로 생각하며 나답게 사는 시기가 꼭 필요하다 생각했습니다. 그래서 워킹 우먼으로 산 25년을 마무리하고 새로운 25년을 열기 위해 정년을 10년 남겨놓고 사표를 냈지요. '여명'이라는 말처럼 인생 후반기를 남은 만큼 사는 것으로 여기지 않고 진정 나다움을 이뤄가는 시기, 가장 아름답게 빛나는 시기인 '인생 3막'으로 만들기 위해서요.

독자 여러분에게도 인생을 2막으로 마무리하지 말고 3막을 준비하라고 말하고 싶습니다. 어른답게 살기 위해서는 우선 나다운 것이 무엇인지 알아야 합니다. 저는 '나는 누구인가', '내가 원하는 삶은 어떤 것인가'라는 질문을 오랫동안 해왔습니다. 그리고 그 끝에서 '있는 그대로의 나'를 인정하게 되었습니다. 젊은 시절의 기대와는 달리 모아놓은 구슬이 많지 않았지만 그것을 내 크기라 인정하고, 이제는 구슬을 꿰어 내 크기만큼의 목걸이를 만들겠다고 결심했습니다. 그것이 나다운 것이고, 나다운 것을 실현하는 삶이 아름답고 행복한 삶이라는 결론에 이르렀기 때문입니다.

나다운 삶을 구현하는 데 필요한 준비를 하지 않으면 인생을 2막으로 마무리하게 됩니다. 인생에서 가장 아름답다고 할 수 있는 시기를 누리지 못하는 것이지요. 저는 50세부터 75세까지를 인생 3막으로 정했지만, 나이가 구분에 중요한 기준이 되는 것은 아닙니다. 인생 3막은 '성공'이라는 사회적 가치가 아닌 '성장'이라는 내면의 가치를 통해 나다움을 구현하는 시기입니다. 책 제목처럼 '어른 연습'을 필수과목으로 삼는 때지요.

　　나이가 몇 살이든 우리의 내면에는 어린아이가 삽니다. 그리고 그 아이는 상처로 가득할 수도 있습니다. 저는 독자 여러분이 밖으로 향하던 시선을 안으로 돌려 내면의 어린아이를 건강하게 키우는 어른이 되는 연습을 해보면 좋겠습니다. 그리하여 가장 빛나는 전성기인 인생 3막을 함께 맞이하면 좋겠습니다.

2023년 11월 평창동 서재에서

오유경

차
례

3장 버려내는 삶에서 일궈내는 삶으로

1

어른이 되는 법을
배운 적은 없지만

여유

: 불안에 떠는 어린 마음에게

나이가 들면서 좋은 점은 젊었을 때와 달리 평온한 내면을 유지할 수 있다는 것이다. 청춘들의 빛나는 외모가 부러울 때도 있지만 작은 바람에도 흔들리던 시절, 파도치던 내면은 부럽지 않다. 젊은 시절로 돌아갈 수 있다고 해도 이만큼 살아낼 자신이 없을 만큼 열심히 살았다. 지금의 내가 후회하는 것은 더 높은 자리에 오르고 더 많은 것을 가지지 못한 것이 아니라, 과거의 내가 좀 더 행복했더라면 하는 마음이 있기 때문이다. 내가 지금 아는 것들을 조금 더 빨리 알았더라면 충분히 행복할 수 있었던 청춘의 시간을 조급함, 불편함, 불안함 등의 감정으로 소모했다는 아쉬움 때문이다. 이 글을 읽는 후배들은 나보다는 조금 더 일찍 깨닫기를 바란다.

조급함을 다스리다

과거를 돌아보면 젊은 시절 느낀 괴로움은 대부분 '조급함'에서 비롯됐던 것 같다. 내 앞에 놓인 바다는 끝이 보이지 않을 정도로 넓기만 했다. 그 바다 위에서 몰아치는 거친 파도를 헤쳐나가기에 내 배는 작고 초라하다고 여겼다. 마음은 저만치 앞서가고 기대는 큰데 내 몸과 상황은 그 속도를 따라가지 못하니 괴로울 수밖에. 이처럼 몸과 마음이 따로 노는 상태는 조급함을 불러오고, 불안과 좌절을 안겨준다.

새해 결심이 번번이 작심삼일로 끝나는 이유도 생각해보면 결국 조급함 때문이다. 조급함은 뭐든 시작하기 전에는 생겨나지 않지만 막상 일을 시작하고 나면 슬슬 고개를 쳐든다. 마음만 앞서고 몸은 뒤에서 헤맬 때 마음을 몸의 속도에 붙들어 매고 한 걸음씩 집중하다 보면 어느 사이엔가 목표에 다가서 있을 텐데 말이다. 세계적인 영적 지도자이자 《삶으로 다시 떠오르기》의 저자 에크하르트 톨레는 "스트레스란 지금 '여기'에 있지만 '저기'로 가고 싶어 하는 것 때문에 생기는 것이다"라는 말을 했다. 바로 내가 젊은 시절 최선을 다해 살면서도 행복을 느끼지 못한 이유다.

미하엘 엔데의 소설 《모모》를 읽다 다음 구절을 만난 순간 오랜 시간 페이지를 펼쳐두고 있었다. 모모의 나이 많은 친구, 도로 청소부 베포의 말이다.

"모모야, 때론 우리 앞에 아주 긴 도로가 있어. 너무 길어 도저히 해낼 수 없을 것 같지. 그러면 서두르게 되지. 그리고 점점 더 빨리 서두르는 거야. 허리를 펴고 앞을 보면 조금도 줄어들지 않은 것 같지. 그러면 더욱 긴장되고 불안한 거야. 나중에는 숨이 탁탁 막혀서 더 이상 비질을 할 수 없어. 앞에는 여전히 길이 아득하고 말이야. 한꺼번에 도로 전체를 생각해서는 안 돼. 다음에 딛게 될 걸음, 다음에 쉬게 될 호흡, 다음에 하게 될 비질만 생각해야 하는 거야. 계속해서 바로 다음 일만 생각해야 하는 거야. 그러면 일을 하는 게 즐겁지. 그게 중요한 거야. 그러면 일을 잘 해낼 수 있어. 한 걸음 한 걸음 나가다 보면 어느새 그 긴 길을 다 쓸었다는

• 《모모》, 미하엘 엔데 저, 한미희 역, 비룡소, 1999.

것을 깨닫게 되지. 어떻게 그렇게 했는지도 모르겠고 숨이
차지도 않아."

베포가 들려준 말이야말로 빨리 가고자 하는 조급한 마
음 때문에 목표에 닿지 못하고 스스로 주저앉곤 하는 우리에
게 가장 큰 위로이자 충고가 아닐까? 순간에 집중하고 하루
를 충실하게 살아내면 과정도 행복해진다. 그리고 나와 우리
의 삶은 그 과정에 있다.

나를 지키는 어른의 습관 '명상'

조급함을 다스리는 게 행복의 열쇠임을 알게 된 데는 '명
상'의 덕이 컸다. 명상을 시작하고 '몸과 마음이 분리되는 순
간' 조급함이 생긴다는 사실을 깨달았기 때문이다. 지금은 명
상이 내 마음을 다스리고 스스로를 치유하는 소중한 습관이
되었다.

명상은 지금 이 순간의 나를 있는 그대로 바라보는 것인

데 그때 비로소 마음도 내 안에 머물게 된다. 잡념이 떠오른 다는 것은 내 마음이 지금의 나를 떠나 과거로, 미래로, 이곳 저곳으로 헤맨다는 뜻이다. 떠돌아다니는 생각이나 마음을 붙잡아 지금 내가 존재하는 자리인 몸 안으로 가져오고 '몸과 마음을 일치시키는 연습'을 하는 것이 명상임을 알게 됐다.

명상에서 배운 것을 삶에 접목하기 위해 아무리 급한 일이 생겨도 몸과 마음을 일치시키는 연습을 했다. 인디언은 말을 타고 달리다가도 어느 순간 멈추고 뒤를 돌아본다는 이야기가 있다. 영혼이 따라올 시간을 주기 위해서라고 한다. 전에는 이 이야기를 우스갯소리로 여겼으나 명상을 하면서 이말의 의미를 깨달았다. 현재를 살지 못하고 항상 미래에 가있는 습관을 버리고자 했고, 아무리 바빠도 한 번에 한 가지일에만 마음을 썼다. 그리고 내가 가고자 하는 방향을 잡은후에는 목표하는 지점은 아예 잊어버렸다. 그냥 오늘 할 만큼의 일만 생각하고 그것을 즐겼다. 그러자 나머지는 시간이 해결해줬다. 그러다 보니 어느 순간 새해 결심을 12월 31일까지이어가고 있는 나를 발견했다.

좋은 습관도 생겼다. 아침마다 쓰는 일기인 모닝 페이지, 건강을 위한 식단인 마이크로바이옴 식탁은 내 삶의 일부가 되었다. 꾸준히 이어가는 취미도 많아졌다. 반드시 매일 실천해 크게 변화하리라 욕심냈다면 아마 끝까지 해내지 못했을 것이다. 그동안 결심했던 여러 일을 중도에 포기한 것은 빨리 잘하고 싶은 생각이 너무 앞섰기 때문이 아니었을까 싶다.

명상을 어렵고 신비주의적인 것으로 생각할 필요가 전혀 없다. 명상의 방법은 다양하며 자신에게 맞는 방법을 찾으면 된다. 하나의 예로 《아티스트 웨이》의 저자 줄리아 카메론이 제안한 '모닝 페이지'를 소개한다. 일종의 명상 효과가 있는 이 일기는 아침에 눈을 뜨자마자 떠오르는 생각을 노트에 적는 것이다. 누구에게 보여줄 것이 아니니 남을 의식하지 않아도 되고 반듯한 문장을 적을 필요도 없다. 그저 노트 위에서 있는 그대로의 자신과 만나면 된다. 처음 모닝 페이지를 쓰기 시작했을 때 인생의 큰 좌절에서 회복해보려고 펼친 노트에는 숨겨놓았던 아픈 기억, 슬픈 기억, 억울함과 분노 등이 가득했다. 맺혀 있던 이야기가 우르르 쏟아져 나와 아침마다 꺼이꺼이 울면서 써 내려갔다.

하지만 나와 솔직히 마주하는 시간이 쌓여가면서 내 안의 얽히고설킨 타래가 천천히 풀렸다. 독소 같던 나쁜 감정이 빠져나와 해소되고, 그 자리를 나를 회복시키는 기운이 채워주었다. 깊숙한 곳에 자리 잡고 있던 상처가 아물며 새 살이 차오르는 듯한 느낌이었다.

명상을 통해 나를 똑바로 마주하니 진짜 내 감정과 상황을 더 분명히 알게 됐다. 나를 짓누르고 있던 일이 사실은 별것 아니었다는 것도 깨닫고, 사소한 것에 대한 집착에서 멀어질 수 있었다. 조급함이 사라지고 마음속 바람이 잔잔해진 것이다. 나는 이제 풍랑에 뒤집히는 작은 배가 아니라 노련한 서퍼처럼 유연하게 파도에 몸을 맡기는 사람이 되었다.

한 발만 떨어져서 보면 세상 큰일이라도 난 듯 분노했던 순간, 정의의 투사처럼 불끈 쥐었던 주먹, 누군가를 향했던 원망과 미움이 실은 아무것도 아니란 걸 깨닫곤 한다. 얄밉게도 슬그머니 끼어든 앞차나 고의가 아닌 동료 직원의 사소한 실수, 가족의 잔소리까지. 내가 여유롭지 못하고 조급할 때는 그것들이 참아서는 안 될 불의처럼 느껴졌던 것이다. 하지만 그럴 때 내 안의 어른을 한번 불러내보자. '어지간히 급한 일이 있나 보네' 하고 웃으며 양보하는 여유, '실수는 누구나 할수 있는 거지'라며 꽁한 마음을 지워버릴 수 있는 배포, '남편이 오늘 스트레스가 많았나 보구나'라고 생각하며 안아줄 수있는 현명함 정도는 충분히 보여줄 수 있지 않을까?

성숙한 어른의 '힘 빼기 기술'

명상은 나의 몸과 마음을 치유하는 것을 넘어 실제로 내게 더 좋은 상황을 선물하기도 한다. 나는 명상을 시작하고 대인 관계에서 뚜렷한 변화를 느꼈다. 있는 그대로의 나와 마주하자 나뿐만 아니라 남의 삶을 개별적이고 독립적인 것으로 인정할 수 있었다. 각자에게 주어진 과제를 나의 과제와 성숙하게 분리해 생각할 수 있게 된 것이다.

그러면서 자연스럽게 타인에 대한 질투와 불신도 사라졌다. 질투는 스스로를 고립시키고 외롭게 만드는 나쁜 감정이다. 내가 질투를 느끼는 사람은 미워해야 할 사람이 아니라 단지 내가 하고 싶은 일을 하고 있는 사람, 내가 갖고 싶은 것을 가진 사람이라는 것을 깨달았다. 그랬더니 질투의 감정 대신 상대방을 존경하고 응원하는 감정이 생겼고 놀라운 일이 벌어졌다. 그저 내 마음을 조금 바꿨을 뿐인데 그가 친구가 되고 내 삶을 풍요롭게 해준 것이다. 함께 오랜 시간을 보낸 후에야 상대방을 믿을 수 있던 나는 이제 반대로 신뢰를 먼저 주는 사람이 되기 위해 애썼다. 내가 먼저 신뢰를 주면 상대방은 반드시 나의 믿음에 화답해주었다. 나를 괴롭히던 나쁜 감정은 사라지고, 타인에게 호감과 신뢰를 얻으면서 사람들과의 관계를 비롯해 모든 일이 잘 풀려나갔다.

세상은 두 주먹을 꽉 쥐어야 성공할 것같이 느껴지지만, 사실 진짜 중요한 일은 힘을 뺄 때 이뤄진다. 성숙한 어른만 구사할 수 있는 '힘 빼기 기술'을 좀 더 일찍 익힐 수 있었다면 순간순간 덜 상처받고 더 행복했을 것 같다는 생각이 든다. 나는 나를 지키는 방법으로 명상을 택했지만, 자신과 마주 서는 방법은 사람마다 조금씩 다를 것이다. 중요한 것은 우리는 스스로를 제대로 바라보고 상처를 치유하며 점차 어른이 되어간다는 사실이다. 성공을 향해 의욕적으로 달려가는 날

들만큼이나 힘을 빼고 나를 치유하는 시간 역시 필요하다는 것을 알면 좋겠다.

나를 돌봐주기에 너무 늦은 때란 없다. 내 안에 아파하는 자아를 외면하지 않으면 좋겠다. 불안과 화, 조급함, 질투, 열등감 등이 나를 집어삼키기 전에 내가 먼저 이 감정들에 다가가 말을 걸어보자. "괜찮니? 어디가 그렇게 힘들었어?", "내 손 잡고 일어나볼래?" 처음엔 나를 마주 본다는 것이 조금 민망하고 머쓱할 수 있겠지만, 계속 마음의 문을 두드린다면 분명 스스로와 더 친해질 수 있을 것이다. 부드러운 사람이 되길 포기하지 말고 언제든 시작해봤으면 좋겠다. 남이 나를 떠올릴 때도, 내가 나를 떠올릴 때도 마음의 표정이 따뜻할 수 있도록.

행복과 치유는

우리가 현재의 순간을 귀하게 여기고

감사함을 느끼는 것에서 발견된다.

_에크하르트 톨레

홀로서기

: 오직 나와 함께하는 시간의 힘

혼밥, 혼술, 혼영, 혼코노(혼자 코인 노래방 가기) 등 '혼' 자로 시작하는 단어가 넘쳐나는 요즘이다. '혼자 사회'라는 신조어까지 등장했다니 이런 라이프 스타일이 대세라고 봐도 될 것이다. 우리 딸도 요즘 세대답게 혼자서도 뭐든 잘하고 잘 논다. 그런데 나는 대학생이 되면서 부모님에게서 정신적으로 독립했고, 스물네 살에 취업해 경제적으로도 일찌감치 자립했으면서 혼자 무언가를 하는 것을 힘들어한다.

사회 초년생 시절에는 그 정도가 더 심했다. 당시 라디오 스튜디오에서 주말 방송분을 녹음하다 보면 점심시간이 훌쩍 지나곤 했다. 그런 날에는 혼자 밥 먹으러 가기 싫어서 차

라리 굶는 편을 택했다. 배가 고파도 참고 또 참았다. 그러다 한번은 배가 너무 고픈 나머지 용기를 쥐어짜 이미 점심을 먹었다는 동료에게 식당에 같이 가달라고 부탁했다. 하지만 동료는 퇴짜를 놓았고 나는 설움이 북받쳐 눈물을 뚝뚝 흘리고 말았다.

그 정도로 나에게 '혼자'는 막막하고도 힘든 일이었다. 도대체 무엇이 문제일까. 그간 내가 했던 행동을 돌아보고 나서 내린 결론은 혼자 무언가를 하지 못하는 것이 문제가 아니라, 혼자서라도 즐길 만큼 확실한 취향이 없다는 점이 문제였다. 사회 초년생 시절에는 일을 배우느라 바빠 아무 생각이 없었지만, 세월이 지나 경력이 쌓이고 일의 강도가 높아지면서 혼자만의 시간이 간절했다. 그런데 어쩌다 혼자 남겨지기라도 하면 어쩔 줄 몰라 하며 어영부영 시간을 보내곤 했다. 내가 좋아하는 것이 무엇인지, 원하는 것이 무엇인지 몰랐기 때문이다. 그런 이유로 혼자 시간을 보내는 일이 너무나 힘들었던 것이다. 누군가와 함께 있으면서 상대방이 원하는 대로 행동하는 것이 훨씬 편했다.

'인생 3막'을 그려볼 나이가 되자 '혼자'의 귀중함을 더욱 실감했다. 몸만 자랐다고, 또는 자신을 먹여 살릴 경제적 준비가 되었다고 홀로 설 수 있는 힘이 생겼다는 건 아니다. 우선 자신을 잘 알아야 직장이나 직함이라는 울타리 없이도 세상에서 우뚝 설 수 있고, 스스로 나아갈 방향을 정하고, 혼자 오롯이 존재감을 채우는 방법도 알게 된다. 그런 생각에 이르자 나는 진정한 홀로서기를 꿈꾸며 자아 찾기 연습을 해야겠다고 결심했다.

혼자 있는 것도 '연습'이 필요하다

내게 훌륭한 멘토가 되어준 책 《아티스트 웨이》는 혼자 있기 연습을 하는 데 일등 공신이었다. 저자 줄리아 카메론은 소설가이자 시인, 시나리오 작가, TV 프로듀서, 영화감독, 문예 창작 강사, 작곡가 등 여러 방면에서 경력을 쌓은 다채로운 능력의 소유자다. 그녀는 영화감독 마틴 스코시즈와 결혼한 후 시나리오를 공동 집필하며 그의 작품에 공헌했다. 그러나 카메론은 이 일로 정체성의 혼란을 겪었고, 이혼 후 극심한 우울증과 알코올의존증에 빠졌다. 카메론은 상처를 극복하고 치유하는 과정에서 '아티스트'야말로 인간의 중요한 정체성이라는 사실을 깨닫는다. 마침내 창조성을 되찾은 그녀는 자신처럼 크게 상처받은 사람들을 치유하기 위한 활동을 해나간다. 그 노하우를 담은 책이 '나를 위한 12주간의 창조성 워크숍'이라는 부제가 붙은 《아티스트 웨이》다.

이 책에서 줄리아 카메론은 매일 아침 일찍 일어나 머릿속에 떠오르는 생각을 무조건 3페이지씩 쓰라고 한다. 그리고 일주일에 한 번은 반드시 '혼자만의 시간'을 즐기라고 한다. 그리고 이러한 작업에 '모닝 페이지'와 '아티스트 데이트'라는 이름을 붙이고 12주 동안 매주 실행해야 하는 과제를 제시한다.

나는 이 과제들을 수행하면서 그저 바윗덩어리처럼 두루뭉술하게 존재하던 나 자신이 점점 구체적인 형체로 변모해가는 것을 느꼈다. 그때까지 제대로 들여다본 적 없는 내면과 처음 마주하는 시간을 가졌고, 내 안에 잠들어 있던 어린 아티스트를 깨워 창조성을 발휘하도록 성장시키는 놀라운 경험을 했다.

나는 《아티스트 웨이》를 네 번 읽었는데, 그중 세 번은 책을 읽은 친구들과 워크숍을 열어 함께 토론하고 과제를 수행하며 서로 용기를 북돋아주었다. 각자 스스로 성장할 수 있도록 힘을 모은 것이다.

우리는 '창조성'을 거창한 능력자만의 특별한 재능이라고 생각한다. 그러나 줄리아 카메론은 이렇게 말한다.

"창조성은 바랭이(잡초) 같아 조금만 보살펴주면 솟아난다."

그리고 이렇게 덧붙인다.

"창조성은 건강한 것이기 때문에 사람들은 치유된다. 창조성을 회복하면서 사람들은 훨씬 위대한 자아를 발견하게 된다. 우리는 스스로 인식하는 것보다 훨씬 더 큰 존재다."

창조성을 키우는 것이 곧 자아를 발견하는 것이라는 발

상이 새로우면서도 의미 있게 다가왔다. 그리고 아주 쉬운 방법으로도 창조성을 북돋을 수 있다는 것에서 용기를 얻었다.

25년간 직장 생활을 하는 동안 일 외에 취미도, 취향이라 할 것도 없었다. 내 안의 어린 아티스트는 잡초조차 자라지 않는 황량한 사막에서 말라가고 있었던 것이다. 그런데 모닝 페이지와 아티스트 데이트를 실천하며 나의 어린 아티스트는 점차 성장해나갔다. 마른 뿌리는 촉촉한 물기를 머금었고, 조금씩 가지를 뻗으며 자라났다.

혼자 있는 시간을 절실히 원하면서도 막상 그 시간이 주어지면 무엇을 해야 할지 몰라 안절부절못하던 나는 이제 혼자만의 시간을 즐길 줄 아는 사람으로 거듭났다. 독서하기, 글쓰기, 전시회 가기, 노래하기, 공부하기, 음악 듣기, 영화 보기 등 혼자 즐길 수 있는 일이 너무나 많다. 혼밥 하기 싫어서 울던 내가 지금은 혼자서도 예쁜 그릇에 건강한 음식을 담아 나를 대접할 줄 알게 되었다. 혼자 3박 4일간 일본 삿포로로 여행까지 다녀왔을 정도니 많이 용감해졌다. 나에겐 너무나 놀라운 발전인 셈이다.

혼자서도 시간을 잘 보내게 된 지금, 비로소 진정한 어른이 되어가는 듯한 느낌이 든다. 어린아이로 방치되었던 내면이 성장하며 내 삶은 풍요롭고 평온하고 행복해졌다. 아마 예전의 나처럼 나이와 상관없이 혼자 있는 것을 두려워하는 사람이 있을 것이다. 그 기분을 잘 안다. 그렇지만 많은 친구와 동료에게 둘러싸여 있어야만 세상이 커지는 것은 아니다. 때로는 나 자신과 대화하고 나를 이해하면서 세상이 커지기도 한다. 그것이 곧 자아를 찾는 방법 중 하나다.

그러니 도저히 혼자 하지 못할 것 같은 일을 하나씩 해보며 나만의 순간을 온전히 즐겨보자. 연습하다 보면 혼자 있는 시간의 묘미를 알게 된다. 홀로서기와 혼자 있기도 자연스럽게 느껴질 테고, 그럴 때 비로소 더욱 단단한 어른으로 거듭날 수 있을 것이다.

시간 관리

: 다시 돌아오지 않는 인생이라는 생방송

누구에게나 하루는 24시간이다. 수억 원을 호가하는 명품 시계를 가졌다고 해도 시간을 단 1분, 1초도 늘릴 수 없다. 세상에서 유일하게 공평한 것은 시간이라고 하는 이유다. 그러나 과연 그럴까? 우주의 원리가 절대적이면서 상대적이듯 우주의 빅뱅으로 태어난 시간도 절대적인 동시에 상대적이다. 하루 24시간이 누구에게는 너무 짧게 느껴지고, 누구에게는 지루하고 길게만 느껴진다.

살다 보면 시간이 소중하다면서도 정작 이를 중요하게 다루지 않는 사람을 자주 만나게 된다. 일반적으로 돈을 주고 사지 않아도 되는 것은 소홀히 하는 경우가 있기 때문이다. 나는 어느 순간 인생이 유한하다는 생각이 들면서 시간

의 귀함을 깨달았고, 그제야 비로소 어른이 되기 시작한 것
같다. 그래서 시간을 돈보다 더 가치 있는 것으로 다루었고
어떻게 하면 시간을 더 잘 쓸 수 있을지 생각하게 되었다.

소중한 곳에 소중한 시간을

시간은 소중한 만큼 중요도에 따라 써야 한다. 그런데 중
요한 것이 무엇인지에 대한 기준은 사람마다 다르고 인생의
시기마다 변한다. 나도 사는 동안 가장 중요한 것이 여러 번
바뀌었다. 학창 시절에는 입시나 내 꿈을 향해 가는 것이 중
요했다. 아나운서가 된 후에는 최고의 진행자가 되는 것이 지
상 과제였다. 나의 모든 시간은 이러한 목표를 중심으로 배치
되었다. 이후에도 환경의 변화에 따라 삶의 중요한 가치가 달
라졌다. 결혼한 후 가족과의 생활, 방송에 영향을 주는 정치
환경의 변화, 한 번도 상상한 적 없던 길을 향한 도전과 시련
등 인생에 기록될 만한 행복과 시련을 겪어나가는 동안 삶의
우선순위 또한 요동쳤다.

상황과 시기에 따라 소중한 것의 기준이 자꾸만 달라지니 기본적인 원칙을 세워야겠다는 생각이 들었다. 그리고 소중한 사람과 많은 시간을 보내고 좋아하는 것으로 삶을 채우는 것을 가장 우선으로 삼기로 했다. 그러다 보니 자연스럽게 '메멘토 모리(Memento mori, 죽음을 기억하라는 의미의 라틴어)'가 내 삶의 중요한 화두가 되었다. 특히 중요한 선택을 앞두고 고민될 때 죽음의 순간을 떠올리면 모든 것이 명료해지며 인생에서 정말 소중한 것을 놓치지 않도록 도와준다.

눈을 감고 지금 내가 죽음의 순간을 맞이하고 있다고 생각해보자. 누구 얼굴이 가장 먼저 떠오르는가? 어떤 일이 스쳐 가는가? 지금 떠오른 사람들, 그리고 그 일이 바로 당신이 시간을 우선적으로 써야 할 대상이다. 쉬운 일은 아니다. 우리는 효율과 경쟁을 중요하게 여길 뿐 인생에서 정말 소중한 가치는 수치화되지 않는 성과 사회에 살고 있기 때문이다. 철학자 한병철이 지적했듯 성과 사회에서는 누가 강제하지 않아도 스스로 자신을 채찍질해 계속 달리게 만든다. 가족이나 사랑하는 사람과 나눌 시간은 자꾸 뒤로 미루게 된다.

한때 나도 친목 도모에 꽤 많은 시간을 할애했다. 아나운서로 전성기를 누리던 30대에는 이제 막 시작한 초보임에도 골프 약속이 쇄도했다. 아름다운 경치 속에서 즐기는 멋진 운동이지만 한번 나가면 반나절 이상 소요되는 것이 문제였고, 팀 운동이라 취소가 금기시돼서 진짜 중요한 일과 충돌하기도 했다. 일과 육아를 병행하며 시간을 쪼개 써야 하는 직장맘에게 맞는 운동이 아니었다. 그리고 무엇보다 내 인생의 우선순위를 떠올렸을 때 여가 시간마다 골프를 치러 나가는 것은 결코 현명한 시간 안배가 아니었다. 고민 끝에 주위의 만류에도 미련 없이 골프를 접었다. 나이가 들고 시간 여유가 생겨 다시 골프채를 드는 날이 오더라도 겉치레식 만남을 위한 골프는 치지 않으리라 결심하면서.

바쁠수록 시간이 절실하다. 그러나 행복도를 끌어올리고 싶다면 무엇보다 나만의 시간부터 확보해야 한다. 그래서 시간은 채우는 것보다 비우는 것이 더 중요하다. 빈 시간을 만들어야 오롯이 내 삶을 위한 것으로 채워나갈 수 있기 때문이다. 그리고 사랑하는 사람을 위해 그 시간을 할애하는 것

을 잊지 말기를 바란다. 그것이 내 삶을 단단하게 만들어줄
것이다.

존중받아 마땅한 타인의 시간

그런데 내 시간만 지켜내면 그만일까? 시간이 소중한 것
은 다른 사람도 마찬가지다. 하지만 다른 사람의 시간을 배려
하지 못하는 경우가 있다. 어른이라면 무엇보다 '시간 갑질'을
하지 않도록 주의해야 한다. 다른 사람의 시간을 빼앗으면서
나를 만족시키는 것이 바로 시간 갑질이다. 특히 회사에서 직
원들을 회식 자리에 자꾸 불러내는 것이 시간 갑질인 줄 인식
하지 못하는 사람이 많다. 내가 한류 마케팅 사내 기업을 운
영하고, 마이크로바이옴 전문 기업에서 브랜딩 팀을 이끌 때
는 전체 회식을 최소화했고 정 필요하면 점심시간에 했다. 스
킨십이 있어야 업무 효율이 높아진다는 인식이 있지만 나는
회사가 추구하는 방향에 대한 공감, 자신의 업무에 대한 의
미 부여, 회사의 성장과 나의 성장이 함께 이루어진다는 확신

이 더 중요하다고 여겼다. 그러기 위해서는 직원들에게 '회식'보다 '휴식'이 중요하다고 생각했다. 무엇보다 내 시간이 소중하듯 직원들의 시간도 소중하다고 끊임없이 상기했다.

　내 시간에도 우선순위가 있듯 타인의 시간에도 우선순위가 있다. 가치관, 상황, 입장 등 다양한 이유로 시간의 우선순위는 사람마다 다르다. 나와 다른 사람의 우선순위 차이를 인정하고 배려해야 한다. 그래야 어른답다고 할 수 있다. 20대에는 자기 길을 찾느라 바쁘고, 30~40대에는 한창 자녀를 키우며 자신도 성장해야 하니 바쁘다. 50대가 되면 인생의 숙제를 어느 정도 끝낸 터라 이전과 달리 마음의 여유가 생긴다. 이 무렵 연락이 끊겼던 동창 모임이 활발해지는 것도 다 이유가 있다. 시간 여유가 생긴 어른들은 자신이 거쳐온 시기를 숨 가쁘게 보내고 있는 후배들의 시간을 아껴주어야 한다. 시간의 소중함을 깨달은 어른으로서 상대방의 우선순위를 인정해야 하는 것이다. 나를 만나주지 않는다고, 내게 시간을 쓰지 않는다고 기분 상해하는 것은 어른다운 태도가 아니다.

두 시간가량 걸리는 거리를 마다하지 않고 나를 찾아와 보컬 레슨을 해준 스물다섯 살 재즈 뮤지션 선생님이 있었다. 격주로 진행하는 수업이어서 선생님이 사정상 한 번 못 오면 한 달을 기다려야 했다. 나는 수업 시간을 매우 즐겼기 때문에 레슨이 있는 격주 화요일 오전 시간만큼은 무슨 일이 있어도 비워두었다. 그런데 선생님에게 아르바이트 레슨은 중요도가 낮을 수밖에 없다. 앨범 녹음도 해야 하고, 공연도 해야 했다. 뮤지션에게 녹음과 공연보다 더 중요한 일이 어디 있겠는가? 나는 레슨 연기 양해를 구하는 문자를 받으면 빠르게 오케이로 화답하며 다음번 레슨 때 보자고 했다. 약속을 어긴다고 섭섭하거나 괘씸하게 생각한 적이 한 번도 없다. 상대방에게 무엇이 더 중요한지 먼저 생각한다. 선생님에게도 당연히 시간의 우선순위가 있기 때문이다. 오히려 먼 거리를 오가면서까지 내게 시간을 할애해준 선생님이 고맙기만 해서 최선을 다해 성의를 표시했다. 만일 내가 그녀 시간의 우선순위를 배려하지 않고 수업 약속만 중요하다고 내 입장에만 갇혀 있었다면 한창 바쁜 현역 뮤지션에게 레슨을 받을 수 있었을까? 50대의 취미 생활이 그녀의 치열한 삶보다 무거울

순 없지 않겠는가? 보컬 선생님은 이후 첫 번째 음반 작업을 마무리해야 했고, 학교에서 강의를 맡게 되면서 결국 레슨을 그만둘 수밖에 없었다. 나에게는 너무 아쉬운 작별이었지만 그녀의 눈부신 성장을 기원하며 진심으로 함께 기뻐했다. 나는 그녀와 함께했던 소중한 시간을 통해 재즈 보컬의 매력을 알았고, 덕분에 큰 즐거움을 누리게 됐다.

10년 연봉으로 10년의 시간을 구매하다

내가 50세에 퇴직한 것은 시간을 주체적으로 사용하기 위해서였다. 정년이 보장된 직장이었고 연공서열에 따라 연봉도 가장 높은 10년이 남아 있었다. 다행인지 불행인지 젊은 아나운서를 선호하는 분위기 덕에 일도 수월해지는 시기다. 일은 덜하고 월급은 많이 받을 수 있으니 일반적인 계산법에 따르면 나의 퇴직은 너무 밑지는 선택이었다.

하지만 나의 계산법은 달랐다. 보장된 10년에 안주하는 순간부터 진행자로서 내리막길을 걸으며 연봉 값을 하지 못하는 사람으로 머물다 퇴직할 것 같았다. 인생을 일 중심으로 은퇴 전과 은퇴 후로 나눠서 설계하면, 중년의 삶이 길어진 100세 시대의 현실을 반영하지 못한다. 요즘은 75세까지 중년으로 구분하는 추세다. 그러니 은퇴 후를 삶의 여명이라 생각해 여가를 즐기며 살기에는 너무 긴 세월이 남아 있는 셈이다. 나는 24세에 KBS에 입사해 아나운서로 25년을 보냈다. 그리고 75세까지 남은 25년을 부록이 아닌 인생 3막이라는 독립된 챕터로 살기 위해 쉰 살에 퇴사한 것이다. 진정한 나로서 조화로운 인생 3막을 살기 위해서는 준비와 배움의 시간이 필요하기 때문이다. 나는 10년 동안 받을 월급을 손해 본 것이 아니라 그 월급으로 10년이라는 시간을 샀다고 생각한다. 눈앞의 이익보다 시간을 선택함으로서 나의 인생 3막이 진정 나다운 삶의 정수를 누리는 시간이 되기를 바랐다.

시간을 노련하게 관리할 수 있는가

나이가 들면 화려한 성공과 영광스러운 성취도 나와 가

족의 건강과 행복이 없으면 일장춘몽처럼 허무해질 뿐임을 깨닫게 된다. 나이 들어서도 젊은 시절의 습관대로 시간을 쓰고 있다면 메멘토 모리를 떠올려보자. 시간 관리의 우선순위를 정하는 데 도움이 될 것이다. 돈과 시간은 비슷해서, 무조건 쓰지 않고 아끼는 게 중요한 것이 아니라 아껴서 어떻게 사용하는지가 더 중요하다. 그런 의미에서 '후회 없는 삶'을 원한다면 단순한 시간 절약이 아닌 시간 관리에 관심을 가져야 한다. 자신에게 가장 중요한 일이 무엇인지 생각해보고 그것에 시간을 할애하다 보면 하루하루 충실하게 보낼 수 있을 것이다.

시간이 충분하지 않은 것이 아니라

우리가 시간을 낭비하는 것이다.

어떻게 써야 할지 안다면 인생은 충분히 길다.

_세네카

배우기

: 열린 마음으로 삶을 채우다

많은 사람이 공부라고 하면 입시, 취업, 학위, 고시, 자격증, 어학 등 무겁고 비장한 공부를 떠올린다. 그렇기에 "공부가 제일 쉬웠어요"라고 말하는 사람은 극소수다. 대입과 취업 모두에서 재수를 한 나 역시 공부에 자신이 없다. 꼭 한 번 떨어지고 나서야 정신을 차리고 열심히 했다.

아나운서 필기시험을 볼 때는 새벽 6시부터 밤 11시까지 꼬박 독서실을 지켰다. 아나운서가 되기 위해서는 여러 단계를 통과해야 하는데, 필기시험은 그중 노력한 만큼 결과를 기대할 수 있는 유일한 시험이었다. 실기나 면접은 컨디션, 운 등의 변수가 따르는 것이라고 여긴 나는 일단 최고의 필기시험 성적을 받아야겠다고 생각했다. 이후 수백 대 1의 경쟁률을 뚫고 아나운서가 되었을 때는 기적이 일어났다고 생각했다. 당시 나는 포부가 큰 신입 아나운서였다. 그런데 막상 일을 시작하자 남자 진행자를 보조하며 방긋 웃고 맞장구치는 정도로 한정된 역할에 크게 실망했다. 하지만 꿋꿋하게 당시만 해도 남자 진행자의 전유물이던 시사 프로그램의 카리스마 넘치는 메인 앵커가 되는 것을 목표로 삼았다. 그러기 위해서는 또다시 '공부'가 필요했다. 누구도 미래를 보장해주지 않았지만, 나는 시사 프로그램을 진행할 수 있을 정도로 정치에 해박해지기 위해 대학원에 들어갔다.

아이를 키우며 주경야독한다는 것은 정말 힘겨웠다. 더구나 매일 〈6시 내고향〉과 〈생로병사의 비밀〉을 진행하고 있었고 다른 특집 방송도 여럿 맡았던 시기다. 그래도 언젠가 기회가 올 것이라고 막연히 기대하며 그때를 대비해 준비할 수밖에 없었다.

그러다 몇 년 뒤 꿈에 그리던 기회가 왔다. 〈생방송 시사 투나잇〉 앵커로 발탁된 것이다. 그것도 보조가 아닌 우리나라 최초의 왼쪽 자리 메인 여성 앵커가 되었다. 대학원 공부

덕분에 그 자리를 맡은 것은 결코 아니었다. 그러나 앵커 역할을 수행하는 데 그간의 배움이 큰 도움이 되었다. 나는 〈생방송 시사투나잇〉 제작진의 신뢰와 젊은 시청자들의 열렬한 지지를 받았다.

처음 맡는 배움의 향기

나에게 공부는 대학 입학과 취업, 목표를 이루기 위한 길이었다. 다행히 공부에 배신당하지 않고 소기의 목표를 이룰 수 있었지만 그렇다고 공부를 즐긴 것은 아니었다. 여전히 공부는 내게 무겁고 힘들고 어려운 것이었다. 이런 내게 공부에 대한 관점을 바꾸는 기회가 찾아왔다. 한번은 커피 공부가 필요해 3개월 동안 매주 커피 교실에 다닌 적이 있다. 원두에 대한 기본 지식을 배우고 커피를 맛있게 내리는 방법을 실습했는데 공부라기보다는 유익한 놀이 같았다. 피땀과 눈물의 결과로 받은 방송 대상이나 네 개의 장관상은 정말 명예로웠지만 불과 몇 달간의 즐거운 배우기로 얻은 바리스타 자격증

이 준 행복의 유효기간이 더 길었다.

내친김에 바리스타 시험까지 보고 2급 바리스타가 되었다. 2급 바리스타는 드립 커피, 에스프레소, 아메리카노, 라테, 카푸치노 등을 제대로 만들 줄 안다는 증명서 같은 것인데 카페 창업을 준비하는 사람들이 주로 취득한다. 3개월이라는 짧은 시간 동안 무심코 마시던 커피에 대해 호기심을 갖고 공부하고 즐겼을 뿐인데 막상 협회에서 바리스타 자격증을 받고, 나의 커피 스승에게 근사한 자격증 세리머니까지 받으니 무척 뿌듯했다.

게다가 생활의 질이 크게 높아졌다. 커피는 원산지와 농장이 표시된 질 좋은 생두를 적당한 온도로 볶아 일주일 정도 숙성하고 2~3주 안에 먹는 것이 풍미가 가장 좋다. 매일 아침 원두를 그라인더에 갈고 여과지에 내려 드립 커피를 마시고 있다. 사실 이 과정에서 맡는 커피 향이 커피 맛보다 더 좋다. 단 몇 달간의 공부로 매일 행복하고 충만한 아침을 맞이할 수 있다니 나에겐 새롭고 놀라운 경험이었다. 이를 계기로 '배움'에 대한 관점이 완전히 바뀌었다. '이렇게 가볍고 즐거운 공부의 세계가 있구나', '어렵고 힘든 공부만 유용한 것은 아니구나' 하는 깨달음을 얻은 것이다. 이후 명상, 요리, 그림, 재즈 보컬, 음악 등 내가 좋아하는 것을 배워나갔고 그제야 비로소 '인생을 누리고 있다'는 느낌을 받았다. 배움에 대해 새롭게 눈뜨자 다음에는 어떤 것을 배워 내 삶을 향기롭게 할지 즐거운 궁리를 하게 되었다.

이토록 즐거운 공부라니

나의 바리스타 스승은 취미가 공부인 분으로 우리나라에서 손꼽히는 커피의 숨은 고수다. 원래 전자공학 박사로 대기업 임원으로 일했고, 대학교수로 재직하다 몇 년 전 정년퇴직했다. 취미로 시작한 커피 공부가 재미있어 전문가를 찾아 미국까지 가서 자격증을 받고, 생두를 공부하기 위해 세계적인 농장을 찾아다니는 등 아마추어의 수준을 넘어 프로가 되었다. 한동안 수제 맥주에 빠져 계시더니 지금은 양평에서 주말 농장을 겸하고, 사퀴테리까지 만든다. 이 또한 취미에서 시작했는데 깊이 파고들어 전문가 반열에 올랐다. 나는 덕분에 커피 배우고, 맛있는 맥주 마시고, 양평 집에서 여는 음악회도 초대받고, 특별한 샤퀴테리도 맛보았다. 배움은 이렇게 인생을 즐겁게 만들어준다.

뷰티 칼럼니스트인 후배는 얼마 전부터 핸드팬을 배우고 있다. 핸드팬은 솥뚜껑을 엎어놓은 것 같은 악기로, 두드리면 높고 낮은 소리가 나서 타악기면서도 은은한 멜로디를 연주할 수 있다. 피아노 같은 건반악기나 바이올린 같은 현악기는 익숙해지는 데 많은 시간이 걸려 배울 엄두를 내기 어렵지만, 타악기는 상대적으로 도전하기 쉬울 것 같아 선택했다고 한다. 마음을 열고 긴장을 푼 후 내면의 소리에 따라 손을 움직이면 나만의 리듬과 소리가 창조돼 명상 도구로도 자주 쓰인다. 매사 조심스러운 후배는 처음엔 선뜻 손이 나가지 않았다고 했다. 그런데 언젠가부터 비로소 마음의 문이 열리고 제법 리드미컬한 소리가 난다고 하더니 뜻하지 않게 공연까지 할 기회가 생겼다며 놀라운 소식을 전해 왔다.

향기 작가로 활동 중인 후배는 배우기 선수다. 원래 IT 관련 일을 하다 번아웃을 경험한 후 직장을 그만두고 완전히 새로운 분야인 향기를 공부했다. 당시만 해도 향기를 공부한다는 말조차 생소했고, 공부한 후 무언가를 할 수 있으리라고 는 생각하기 힘든 때였다. 후배는 향수를 만드는 조향사와는 달리 천연 아로마를 배합해 향기를 만들었다. 그녀는 전에는 없던 '향기 작가'라는 말을 만들었다. 지금은 나태주 시인과 향기 시집을 두 권이나 내고 향기 책 전문 출판사를 설립했으 며, 국보인 백제 금동대향로의 향 작업까지 맡는 등 독보적인 향기 작가가 되었다. 그뿐 아니라 캘리그래피를 배우고, 도예 수업도 다니고, 나와 함께 명상 공부도 하는 등 늘 무언가 새 로운 것을 배운다. 그리고 이렇게 배운 것들이 이루어내는 자 연스러운 시너지를 이용해 새로운 향기 작품을 창조한다. 명 상을 위한 향기를 만들고, 자신의 작품에 아름다운 글씨를 더하며 직접 만든 도자기를 향기 도구로 사용하기도 한다.

이제부터는 해야만 하는 공부뿐 아니라 하고 싶은 공부 를 찾아보자. 현실적인 문제를 떠나 나는 지금 무엇을 해보고 싶은지 떠올려보자. '사회적인 나'를 위한 무거운 공부의 굴레 에서 벗어나 '내면의 나'로 관심을 돌려보는 것이다. 나는 재 즈 보컬, 패션모델처럼 걷기, 미술 공부, 영화 혹은 연극 무대

서보기, 차(茶) 공부, 클래식 감상, 독서, 여행, 명상, 요리 등이 떠올랐다. 한길만 보고 살았던 젊은 날엔 상상조차 못했던 일이다. 하지만 굳이 거창한 목표를 세우지 않는다면 가능한 일이었다.

이를 악물고 성공을 위해 매달리는 것만 공부가 아니다. 관심을 끄는 분야가 있다면 목적 없이, 즐겁게 몰입해보는 취미 생활도 공부다. 이런 공부는 가볍고 즐거우며 행복을 선사한다. 그리고 새로운 세상과 사람을 만나게 해준다. 이렇게 배우기를 즐기는 어른은 결코 꼰대가 될 수 없다. "이 나이에 무슨 공부야?"라며 배움을 어색해하는 어른을 종종 만난다. "배울 시간이 없다"라고 말하는 사람도 있다. 그러나 배움을 향해 마음을 열고 용기 내는 것도, 배움을 위해 시간을 내는 것도 중요하다. 처음엔 어려울 수 있다. 하지만 굉장히 더딜지언정 삶의 풍요와 행복을 위해 한 발 한 발 나아가게 될 것이다. 배우기에 늦은 때는 없다. 나는 나이가 몇이건 어른에게 배움을 권하고 싶다. 뭐든 시작하고 이 즐거움을 함께 누릴 수 있다면 좋겠다.

인생을 춤추듯이 살라는 말이 있다. 난 이 말에 신선한 충격을 받았다. 이전까지 나에게 인생은 마라톤이었기 때문이다. 시간의 자유를 획득한 인생 3막의 어른이라면 마라톤 선수처럼 살았던 삶에서 벗어나 남은 시간만큼은 춤추듯 인생을 살아보는 건 어떨까. 그 춤이 만들어낼 미래가 무척이나 궁금하다.

감정

: 행복과 성공의 열쇠, 공감

나는 인간이 이성적이고 합리적인 사고를 하는 동물이며 감정에 휘둘리면 행복과 성공의 길로 가기 어렵다고 생각했다. 학창 시절부터 논리적인 토론만큼은 자신 있던 나는 아나운서 시험을 볼 때도 '토론 배틀'이 최종 코스에 포함되어 있어 합격하는 데 큰 도움을 받았다. 늘 그래왔듯 똑 부러지게 말하고 행동하면 인간관계를 포함한 모든 일이 착착 풀릴 줄만 알았다. 그런데 막상 입사한 후에는 평탄하지 않은 상사와의 관계 때문에 어려움을 겪었다. 딱히 잘못한 것도 없고 맡은 일에서 최고의 성과를 낸다는 평가를 받았음에도 직속 상사와의 관계가 불편했던 것이다. 한동안 나는 그 이유를 찾지 못해 답답했다.

그러다 어느 뇌 과학 책에서 '인간이 비이성적인 존재라는 것을 깨닫고 내 인생은 완전히 달라졌다'라는 문구를 본 후 무엇이 잘못되었는지 깨달았다. 그리고 책 속 말처럼 내 인생도 완전히 달라졌다. 내가 '합리적'이라고 생각한 것을 상대방은 '이기적'이라고 평가하거나 내가 '이성적'이라고 생각한 것을 상대방은 '무시한다'고 받아들일 수 있음을 알게 된 것이다. 내 경험을 돌아보면, 논리라는 걸 앞세워 따진 일에서 작은 승리를 얻은 적도 있었지만 결국 큰 것을 잃은 적이 더 많았다. 이성적으로 따져봤을 때 공정하지 않다거나 정의롭지 않다는 판단 아래 불평하는 것만이 답은 아니다. 결국 중요한 건 상대방의 감정을 얼마나 깊이 이해하고 능숙하게 대처하느냐다. 그렇게 '사람'을 더 잘 이해하면 성공은 물론 인간관계와 행복까지 얻을 수 있다.

나의 우주와 당신의 우주

상대방의 감정을 이해하고 공감하라는 말은 단순히 남

의 비위를 맞추거나 눈치를 보라는 것이 아니다. 같은 '메시지'를 전하더라도 타인의 감정을 헤아린다면 훨씬 좋은 효과를 거둘 수 있다는 말이다. 어릴 때는 누구나 자신이 우주의 중심인 줄로만 안다. 그런데 성인이 되어서도 자기중심주의에서 벗어나지 못하는 사람이 있다. 반대로 자신은 그저 세상의 주변부에 불과하다고 느끼는 사람도 있는데, 이런 생각 역시 극복해야 한다. 우주는 어느 한 지점을 중심으로 팽창하지 않는다. 다시 말해 우주의 모든 별은 팽창의 중심이 된다. 풍선 위에 점을 여러 개 찍고 풍선을 불었을 때를 상상해보면 된다. 우주의 원리에 따르면 우리 각자는 세상의 중심인 셈이다. 이 이론을 인간관계에 적용해본다면 서로가 세상의 중심이라 여길 수 있지 않을까? 내가 이 세상의 유일한 중심이 아니며 모두가 중심이라는 생각은 다른 사람을 존중하는 마음을 갖는 데 도움이 된다.

특히 갑을 관계에서 을, 선후배 관계에서 후배, 부모 자식 관계에서 자녀 등 자칫 상하 관계가 되기 쉬운 종적 관계를 수평적 대화가 가능한 관계로 만들기 위해 노력해야 한다. 이런 공감은 어려운 것이 아니다. 세상의 중심, 스포트라이트의 위치를 잠시 나에게서 타인으로 옮겨보는 것이다. 그리고 나는 잠시 무대 밖 객석의 관객이 되어 타인의 스토리에 집중하는 것이다. 무대 위 주인공의 희로애락에 집중하다 보면 저절로 공감하게 된다.

누구나 자기에게 공감해주는 사람에게 마음의 문을 연다. 인간이 감성의 지배를 받아 행동하는 존재라는 것을 이해하고 난 후, 나의 사회생활과 인간관계에 많은 진척이 있었다. 예전에는 나 혼자 개척해나가야 한다고 생각했던 일을 도와주는 사람도 생겨나고, 주변 사람들 덕분에 내가 이만큼 할 수 있었다는 것도 깨닫게 되었다. 인간관계의 스트레스가 확 줄고 좋은 관계가 늘어갔다. 그래서 멋진 어른 곁에는 나를 공감해주는 '좋은' 사람이 많은 것이다.

내 감정을 아는 어른

지금껏 다른 사람의 마음을 살펴야 한다는 이야기를 했

지만, 사실 이런 공감의 기술은 스스로를 잘 이해하는 데서 출발한다. 어른이 된다는 것은 스스로가 누구인지 알아가는 과정이다. 서정주 시인의 '국화 옆에서' 중 '이제는 돌아와 거울 앞에 선 내 누님'처럼 거울 앞에서 자신을 비춰봐야 한다. '감정' 역시 들여다보아야 할 대상이다.

3년 전 퇴사할 무렵부터 아침에 일찍 일어나 일기를 쓰고 있다. 매일 명상도 하고 마음 챙김 명상 수업을 듣기도 했다. 마음을 들여다보는 연습을 한 것이다. 그러고 나서야 내 안에서 일어나는 감정을 있는 그대로 바라보고 이해하게 되었다. '나는 이런 감정을 느끼는 사람이구나' 하는 이해에서 출발해 '내가 그랬던 것처럼 저 사람도 이런 마음이 들 수 있겠네' 하는 인정으로 자연스럽게 넘어갈 수 있었다. 내 마음 다루듯 남을 귀하게 여기니 화를 내는 일이 점점 줄어들었다. 심리학자 아들러의 충고대로 화를 내는 것을 선택하지 않게 되었다. 감정을 현명하게 다룰 줄 알게 되니 행복한 삶에 더 가까워졌다.

그렇지만 나 자신의 힐링을 위해 감정에 솔직하라는 것

은 잘못된 조언이다. 특히 화, 슬픔, 증오, 질투 등 부정적 감정에 솔직하다 보면 이 감정들이 걷잡을 수 없이 커진다. 처음 이 감정을 불러일으킨 작은 불씨가 점점 더 커져 실체 없는 감정의 불길에 휘둘리게 되며, 결국 나를 파괴하는 것이다. 감정을 다루는 법은 따로 있다. 감정이 마음속에서 일어나면 일어나는 그대로 바라보며 '내가 화가 나는구나', '내가 슬프구나', '내가 질투하고 있구나', '내가 쓸쓸하구나' 하고 인정해야 한다. 이는 감정을 즉각적으로 발산하는 것과는 다르다. 그 감정을 인정하고 나면 '나는 왜 화가 나지?' 하고 다음 질문을 해본다. 그러면 화가 난 이면에 숨어 있던 마음이 드러난다. 남편에게 서운했던 마음, 우리 아이를 남의 집 아이와 비교했던 마음, 유능해지고 싶은 마음 등. 표면적 감정에 휘둘리는 게 아니라 그 이면에 있는 마음에 솔직해져야 한다. 이는 나의 감정을 가만히 바라보는 데서 시작한다. 그리고 감정을 불러일으킨 진짜 원인을 알면 그 감정을 해소할 열쇠를 쥐게 된다. 그러면 남편에게 화를 내기보다 서운한 마음에 대해 이야기할 수 있고, 아이에게 화를 내기보다 비교하는 마음을 접고 내 아이의 장점에 기뻐할 수 있고, 질투로 친구를 잃기보다 멋진 친구를 가까이할 수 있다. 자연스레 인간관계가 좋아진다.

이처럼 감정을 제대로 이해하면 마음이 한결 평온해지고, 자신과 타인을 있는 그대로 받아들일 수 있게 된다. 이는 공감이 진짜 어른에게 주는 놀라운 선물이다.

일

: 나를 지켜줄 중심부의 행복

우리는 보통 여가 활동에서 행복을 느낀다고 생각한다. 여행, 맛집 순례, 공연 관람, 독서, 음악 감상 등 즐거움을 주는 활동은 모두 퇴근 후나 휴가 때 할 수 있으니 그럴 만도 하다. 반대로 일은 나의 노동을 돈과 바꾸는 것이라고 생각하니 누구나 되도록 적게 일하기를 원한다. 그래서인지 언젠가부터 일을 열심히 하는 것이 행복이나 즐거움과는 거리가 먼 행동이라는 인식이 커진 듯하다. 이런 의미에서 일과 삶의 균형을 의미하는 워라밸(work & life balance)은 쉼 없이 일에만 몰두하는 워커홀릭의 삶과 대척점에 있다. 하지만 워라밸을 지키는 삶을 사는 사람이 워커홀릭보다 행복하다고 단정할 수 있을까? 일을 하면서도 행복할 수는 없을까?

인생 2막: 우선 자신의 일에 베테랑이 될 것

한때 '소확행(소소하지만 확실한 행복의 준말)'이라는 말이 유행했다. 일상에서 소소하게 누리는 행복이 큰 즐거움을 준다는 것은 맞는 말이다. 그렇지만 이처럼 소소한 것에서 얻는 즐거움은 삶의 중심이 아닌 주변부에 존재하는 즐거움이다. 일상의 소소한 행복도 중요하지만, 삶에서 중심이 되는 요소, 즉 일을 할 때 보람이나 즐거움을 느끼지 못한다면 삶의 행복도는 크게 떨어질 수밖에 없기 때문이다. 소확행의 가치를 무시하거나 그 재미를 모르는 것은 아니다. 다만 소확행만으로 만족감을 느끼기에 우리의 인생은 결코 짧지 않다.

그럼 일에서 즐거움을 느끼려면 어떻게 해야 할까? 우선은 충분한 시간을 투자해야 한다. 행복 전문가 최인철 교수는 《굿 라이프》를 통해 서울대학교 행복연구센터에서 실시한 행복에 관련된 실험을 소개했다.

단 하루 동안 할 일을 선택하게 하면, 미국 사람이든 한국 사람이든 절대 다수가 즐겁고 신나는 일을 선택했다. 그러나 6개월 동안 하는 일을 선택하게 하면, 두 가지 일을 선택하는 비율이 매우 비슷해졌다. 지속 시간이 긴 일일 경우 의미를 경험하려는 경향성이 강해진 것이다. 우리는 이 연구 결과에 고무되어, 지속 시간을 더 다양하게 변화시켰다. 문화적 보편성을 확보하기 위해 이번에도 역시 한국인과 미국인 두 집단을 사용했다. 제시한 지속 시간은 10분, 한 시간, 하루, 일주일, 한 달, 6개월이었다. 결과는 놀라울 정도로 동일했다. 지속 시간이 늘어나면 늘어날수록 신나고 즐거운 활동보다는 가치 있고 의미 있는 일을 경험하려는 선택이 유의하게 증가했다.

사회생활을 하는 인생 2막에서는 어느 분야에서든 능숙해지는 것이 중요하므로 절대적으로 많은 시간을 쏟아부어야 한다. 익숙하지 않은 일에 적응하기 위해 투자하는 시간은 고통스러운 시간이 될 수 있다. 그러나 그 고통을 이겨내지 못하면 더 큰 행복을 누리지 못한다. 그러므로 일에 익숙해지기 전에는 워라밸의 강박에서 벗어나야 한다. 어쩌면 이때 필

• 《굿 라이프》, 최인철 저, 21세기북스, 2018, 188~189쪽.

요한 것이 소확행일지 모른다. 그런 의미에서 소확행은 주변부의 즐거움인 것이다.

일에 집중하다 보면 여유를 찾고 보람을 느끼는 순간이 온다. 일상의 소소한 즐거움이 주는 것과는 차원이 다른 행복을 일에서 느끼게 된다면, 일하는 시간도 인생에서 낭만적인 한 페이지가 될 수 있다는 사실을 실감할 수 있을 것이다.

인생 3막: 나만의 진정한 워라밸을 찾을 것

은퇴 이후 또 한번 삶의 전환점을 맞이하는 인생 3막. 대부분 은퇴 후 가장 중요한 것이 자금 계획이라고 생각해서 노후 월수입을 얼마나 확보했는지를 새로운 서열로 삼곤 한다. 그러다 보니 많은 이가 재테크에 열중하지만 은퇴 후 어떤 일을 할지 진지하게 고민하는 이는 드물다. 그러나 인생 3막은 '직(職)'은 마무리될지언정 '업(業)'이 끝나는 시기는 아니다. 오히려 나에게 맞는 업을 찾아 자유롭고 주체적으로 살 수 있는 시기다. 그러기 위해서는 인생 2막에서 자신의 일에 베테랑이 되는 것이 우선이다. 그래야 그 일을 바탕으로 나다운 삶을 찾을 수 있다. 인생 3막에서는 일하는 데 쏟아붓던 시간과 에너지 일부를 나와 주변 관계로 전환해야 한다. 진정한 워라밸을 실천할 수 있는 시기인 것이다.

제1차 세계대전이 끝난 후 대공황이 발생한 시기, 미국 버몬트의 작은 시골 마을로 들어가 자연 속에서 살았던 헬렌 니어링과 스콧 니어링 부부의 삶을 인생 3막의 본보기로 삼을 만하다. 부부는 자연 속에서 일하며 창조적 삶을 살고, 이웃과 서로 돕고, 자유를 누렸다. 하루를 기준으로 네 시간은 일(메이플 시럽을 생산하고), 네 시간은 예술(피아노, 독서 등 자유로운 취미 생활을 하고), 네 시간은 관계(이웃 사람들과 나누는 데)에 썼다. 자신에게 맞는 현명하고도 분명한 시간 배분이다.

이렇듯 직이 아닌 업을 이어가고, 사랑하는 사람들과 함께하고, 나를 위한 시간을 보내는 것이야말로 모두가 꿈꾸는 조화로운 삶이자 행복한 삶이 아닐까.

2

나와 마주하기 위한
단단한 마음가짐

사랑

: 사랑의 크기가 곧 나의 크기

한때 사랑은 오직 청춘의 특권인 줄 알았다. 운명적 사랑을 꿈꾸던 20대에는 40세가 넘으면 사랑은 꿈도 꾸지 않을 것이라고 생각했다. 엄마가 메릴 스트립과 클린트 이스트우드 주연의 영화 〈메디슨 카운티의 다리〉를 보며 가슴이 설렌다고 했을 때 "엄마 나이에도 설레는 감정을 느낀다는 말이야?"라고 놀랐던 기억이 난다. 당시 엄마 나이는 지금의 나보다 젊은 쉰 살이었는데 말이다. 나이를 먹으면 감정을 느끼지 못하는 것도 아닌데 지금 돌아보면 어처구니없는 생각이었다. 70대, 80대, 아니 죽는 날까지 사람은 사랑을 꿈꾸고, 사랑을 원하고, 사랑할 수 있다.

타인을 내 안에 품는 일

그런데 '사랑'이 무엇일까? 나이가 몇이든 누구에게나 사랑의 문은 열려 있을 텐데, 저마다 생각하는 사랑의 의미는 다른 것 같다. 누군가에게는 두근거리고 설레는 느낌으로, 다른 누군가에게는 끝없는 헌신으로, 또 누군가에겐 종교적 의미로 각기 다르게 다가온다. 생각해보면 사랑은 언뜻 감정의 한 종류인 것 같지만 우리가 느낄 수 있는 감정에 '사랑'이 따로 있는 것은 아니다. 여러 감정이 복합된 것이 사랑이다. 희로애락의 감정을 모두 불러일으키기 때문이다.

젊을 때 사랑은 한 대상을 향한 것이라고 생각했지만 나이가 들면서 사랑의 대상이 점점 늘어남을 느낀다. 열병처럼 지나가는 사춘기 '첫사랑'은 내가 아닌 타인에게 온통 마음을 빼앗기는 특별한 경험이었다. 어른이 되어 가정을 꾸린 뒤로는 가족이 그 무엇보다 소중해졌다. 가슴을 설레게 하고 몸을 달아오르게 하는 호르몬보다 헌신하고 책임져야 하는 사랑의 호르몬이 훨씬 강력함을 알게 되었다. 이처럼 어른의 사랑은 오직 자신만이 존재했던 마음속에 타인을 들이게 되는 일이다. 타인을 많이 품을수록 마음의 공간은 더 넓어진다.

사랑의 완성은 영원히 꽃으로 기억되는 것

영화 〈메디슨 카운티의 다리〉에서 중년의 여주인공 프란체스카는 우연히 만난 사진작가 로버트를 통해 오랫동안 잊고 지내온 사랑의 감정에 사로잡힌다. 로버트는 함께 떠나자고 하지만, 프란체스카는 애틋한 감정을 영원히 마음 깊은 곳에 묻어두기로 결심하고 가족과의 일상으로 돌아간다. 영화는 남편을 하늘로 보내고 혼자 살던 프란체스카의 유품에서 발견된 일기장에서 시작되는데, 상상도 못했던 엄마의 비밀을 알고 자녀들은 뒤늦게 복잡한 감정에 사로잡힌다.

처음 〈메디슨 카운티의 다리〉를 봤을 때는 이 영화가 이토록 긴 여운을 남길 줄 몰랐다. 당시에는 영화의 줄거리와 결말이 영 마음에 들지 않았기 때문이다. 나는 영화를 보는 내내 등장인물 중 누구에게도 감정을 이입하지 못한 채 제삼자의 시선에 머물렀다. 프란체스카와 로버트의 사랑도 의심스러웠고, 결국은 가정에 안주하는 삶을 택한 것도 진부하다고 생각했다.

그러나 시간이 지날수록 이 영화의 장면들이 새록새록 떠올랐다. 기억 속 첫 번째 장면은 약속 장소에 나타나지 않는 프란체스카의 마음을 헤아리며 홀로 떠나는 로버트의 모습이다. 이때 로버트 역을 맡은 클린트 이스트우드의 얼굴을 카메라가 클로즈업하는데 그 얼굴에는 사랑의 고통과 안타까움, 그리고 프란체스카의 선택을 받아들이는 마음이 담겨 있었다. 진실한 사랑이었구나 하고 느끼게 한 클린트 이스트우드의 절절한 표정은 관객을 그의 편으로 만들어버렸다. 또 하나 잊을 수 없는 장면은 프란체스카가 로버트와 함께 있을 때 짓던 소녀 같은 표정이다. 아내도 엄마도 아닌 한 여인으로 돌아간 시간은 그녀를 생기 가득하게 만들었다. 끝으로 프란체스카가 평생 그와의 사랑을 간직하며 적었던 일기장이 기억에 남는다. 그녀가 죽기 전까지 가장 소중히 간직했던 것은 다름 아닌 그와 나눈 추억이었다.

"그럴 거면 왜 그때 로버트와 함께 떠나지 않았어?"라고 묻는 당신은 사랑의 완성은 결혼이라는 고정관념을 지니고 있겠지만 그렇다고 '그 후 오랫동안 두 사람은 행복하게 살았 대요'라는 동화 같은 마무리는 믿지 않을 것이다. 현실의 사랑은 결혼으로 완성되는 것이 아니라 책임지고 헌신하며 완성해나가는 것이다. 나는 영화 〈메디슨 카운티의 다리〉에서 프란체스카가 로버트와의 사랑은 영원히 간직하는 것으로 완성했고, 가족에 대한 사랑은 책임을 통해 완성했다고 생각한다.

연애를 하면 사귀고 헤어지는 것이 가장 중요한 일처럼 보인다. 그러나 사랑이 영원히 함께 있자는 결혼 서약을 하는 것으로 결론 나야 완성되는 것은 아니다. '불같은 사랑'이 식은 후의 씁쓸한 결말은 사랑의 유효기간을 따지게 만들며, 사랑이 호르몬 작용에 불과하다는 자조를 낳게 한다. 사랑의 불길은 얼어붙은 몸을 녹이고 따뜻한 밥을 지을 수 있는 생명력의 원천이다. 그러나 불길이 넓은 숲도 통째로 태워버릴 수 있는 무시무시한 것이 되기도 하듯 사랑의 열정도 잘 다루지 않으면 화가 된다. 활활 타올라 결국 형태 없는 재만 남기지 않으려면 사랑의 불씨를 잘 조절하는 노력과 정성이 필요하다. 그것이 스스로에게나 상대방에게나 파괴적인 사랑이 되지 않도록 하는 방법이다.

그럼에도 사랑하는 사람이 떠날 때는 김소월의 '진달래꽃'의 한 구절처럼 가시는 걸음걸음 놓인 그 꽃을 사뿐히 즈려 밟고 갈 수 있도록 축복해주기를 바란다. 사랑의 완성은 영원히 시들지 않는 꽃으로 남는 것이다. 서로의 사랑이 아름답고 따뜻하게 기억될 수 있도록 최선을 다했으면 좋겠다.

세상을 더 많이 사랑할 수 있는 사람

사람이 커가는 과정은 사랑이 커가는 과정이다. 나만 사랑했던 어린 시절에서 시작해 이성에 눈뜨는 성장기를 지나고 가족과 부모, 이웃과 사회의 약자와 세계 인류를 품는 과정이다. 다른 동물과 풀 한 포기까지, 사랑하는 대상이 많아지는 만큼 나는 성장하고 내 세상은 커진다. 그런 의미에서 한 사람의 크기는 곧 사랑의 크기라고 할 수 있다.

타인을 내 안에 품어 더 큰 내가 되므로, 타인을 사랑한다는 것은 결국 '나'를 사랑하는 일이다. 그래서 나를 제대로 사랑하지 못하는 사람은 타인을 사랑하는 데도 서툴다. 사랑에서 능력자가 되고 싶다면 우선 스스로를 잘 돌보고 가꾸고 있는지 살펴볼 일이다. 성숙한 사람이 성숙한 사랑을 할 수 있다. 누군가를 사랑하는 것도 결국 나에게서 시작되며 나를 기준으로 삼아 다른 이를 대하기 때문이다.

주저 없이 사랑할 것

《사랑의 기술》의 저자 에리히 프롬은 미성숙한 사랑이란 '사랑하는 게 아니라 사랑받는 데 초점을 두는 것'이라고 말했다. 그렇다면 성숙한 사랑은 '주는 것'에 더 집중하는 마음일 것이다. 사랑의 완성이 영원히 시들지 않는 꽃으로 기억되는 것임을 명심하자. 사랑이라는 소중한 마음에 충실하고, 그 상대방을 귀하게 여기고 아껴주는 것이 실패하지 않는 사랑의 비법이다. 내가 사랑하는 이를 위해 할 수 있는 걸 하자. 그리고 상대방 역시 나를 사랑하길 강요하지 말자. 사랑은 강요로 얻을 수 있는 게 아니다. 누군가를 사랑한다는 걸 주저하고 아까워할 필요가 없다. 에리히 프롬은 사랑을 받는 것은 축복이지만 사랑을 주는 것은 더 큰 축복이라고 말한다. 사랑의 유일한 대가라면 서로의 마음이 일치하는 환희를 맛보는 것이지만 그 사람의 존재 자체를 대가로 여기는 마음가짐이 필요하다.

사랑은 모든 것의 원동력이며 매일 아침 눈을 뜰 때 행복을 만들어내는 기적이다. 그래서 만족도 높은 삶을 살기 위해서는 끊임없이 사랑을 해야 한다. 청춘 시절뿐 아니라 어른이 되어서도 사랑을 해야 하는 이유다. 나 역시 앞으로도 나무를 심듯 내 마음에 사랑을 심어나가려 한다. 때로는 사랑이 기쁨이 아닌 아픔을 주더라도 그것은 또 다른 기쁨으로 향하는 길이기에 "더 많이 사랑하는 것 외에 다른 사랑의 치료 약은 없다"라는 헨리 데이비드 소로의 말을 되새기며 죽는 날까지 사랑을 심는 것을 멈추지 않겠다고 마음먹어본다.

다만 사랑하는 자만이 살아 있는 것이다.

_레프 톨스토이

인간관계

: 여유와 진심으로 사람을 대하다

우리는 일상에서 다양한 일로 스트레스를 받지만, 그중 사람들을 가장 많이 괴롭히는 것은 인간관계가 아닐까? 지금 나는 번잡한 인간관계의 스트레스에서 한결 자유로워져 일의 효율과 삶의 행복이 크게 증진되었다. 그런데 뒤돌아보니 인간관계에서 스트레스를 받는 것은 남 탓이기보다 온전히 내 탓이었음을 깨달았다.

나는 한때 화려한 인맥의 소유자였다. 주위 사람들이 나의 사교성을 부러워할 정도였다. 그러나 정작 나는 인간관계를 어떻게 풀어나가야 할지 혼란스러워 늘 마음 한편이 불편하곤 했다. 내가 내향적인 사람임을 깨닫고 혼자만의 시간을 확보한 것은 그리 오래되지 않았다.

나무에 가지치기가 필요한 이유

나이가 들면서 인간관계를 간소화하겠다는 사람이 많다. 그들은 허튼 인간관계에 시간과 돈, 에너지를 쓰고 싶지 않다고 말한다. 나 역시 '오직 사랑할 시간만이 있을 뿐이며 그것도 순간'이라는 마크 트웨인의 말에 깊이 공감하면서 수많은 관계를 정리했다. 허망한 관계라 여겨지는 사람의 연락처를 목록에서 삭제했고, 중요한 일이 아니면 근사한 저녁 약속도 정중히 사양하고 심심하고 외로운 저녁을 선택하기도 했다. 그리고 어깨에 힘이 들어가게 하는 사람보다 마음에 힘이 되는 사람을 만났다. 한동안 그렇게 실천하니 정말 인간관계가 내실 있고 간소해지는 듯한 느낌이었다. 가족과 보내는 시간도 더 늘어났다. 군살 같은 만남이 줄어들자 마음속에 풍요로움이 차올랐다.

'인간관계 다이어트'를 자칫 사람과의 사이에 벽을 치고 배타적인 관계를 갖거나 외로움을 즐기라는 뜻으로 여긴다면 오해다. 풍성하고 아름다운 꽃을 피우는 나무가 되기 위한 가지치기라고 생각하면 된다. 외롭고 고독한 인생을 살게 될까 두려워할 필요도 없다. 아무리 많은 사람을 알아도 나의 어려움을 토로할 곳이 없다면 고독은 더 깊어진다. 인간관계를 정리하는 것은 고독한 삶이 아니라 행복한 삶을 위해서다. 관계의 소중함을 깨닫고 내가 집중해야 할 사람과 중요한 시간에 대해 돌아볼 기회인 것이다.

나는 요즘 꼭 필요한 약속만 하고 느린 템포로 사람을 만난다. 법정스님의 말씀처럼 스쳐가는 사람은 무심코 지나치도록 내버려두고 욕심부리지 않는다.

먼저 다가가는 건 지는 게 아니다

내가 인간관계에서 중요하게 생각하는 열쇠는 '먼저 손내밀되 결코 서두르지 말자'는 것이다. 손을 내민다는 것은 관심을 주는 것이다. 누군가와 가까워지기 위해 관심을 주는 것만큼 강력한 방법은 없다. 그런데 먼저 다가가기를 꺼리는 사람이 꽤 많다. 먼저 잘해주고 믿는 순간 손해를 보는 거라고 여기기 때문이다. 그리고 다가오는 사람 중 시험에 통과하는 사람에게만 마음의 문을 여는 것이 자신을 지키는 방법이라고 믿는다. 나 역시 예전에는 사람을 만날 때 경계심을 앞세우곤 했다. 그러나 지금은 내가 먼저 다가서고 신뢰를 보낸다. 처음에는 내민 손을 상대방이 잡아주지 않을까 봐 두려워했다. 하지만 거리를 너무 성급히 좁히지만 않으면 호감을 거부할 상대방은 없다. 가까워질 사람은 가까워지고 인연이 아닌 사람은 자연스레 멀어질 수 있는 시간이 서로에게 필요하다. 대가를 바라지 않고 그저 믿고, 베풀고, 진심을 다하는 관계가 많아질수록 행복한 삶이라는 데 동의한다면 내가 먼저 그런 사람이 되어주는 것이 어른 아닐까?

관계를 소유하려는 욕심을 버리다

젊은 시절에는 좋아하는 사람은 자주 만나야 한다고 생각했다. 보고 싶고, 만나고 싶고, 얘기 나누고 싶은 감정에 충실한 것이 좋은 상태라고 생각했다. 그런 감정의 끝에는 종종 소유욕이 도사리고 있었다. 딸이 고등학생일 때 얘기다. 하루는 딸이 좋아하던 아이돌의 연애 기사가 실렸다. 좋아하던 가수 이문세가 결혼한다는 소식에 좌절했던 나의 학창 시절 기억이 떠올라 딸에게 질투 나지 않느냐고 물었다. 딸은 전혀 그렇지 않다고 말하면서 이런 명언을 남겼다.

"엄마, 별은 바라보는 거지 잡는 게 아냐."

사람은 물건이 아니므로 소유할 수 없다. 오직 만남과 공감을 통해 관계를 맺는 것이다. 여기서 관계라는 것이 꼭 직접 만나 밥을 먹고, 대화를 나누어야 하는 건 아니다. 누군가의 '정수'를 만나는 방식을 받아들인다면 행복한 관계, 스트레스 받지 않는 관계를 넓혀나갈 수 있다. 가령 가수의 정수는 노래, 작가의 정수는 책이다. 셰프의 정수는 요리이고 아티스트의 정수는 작품일 것이다. 10년을 만나도 상대방의 정수를 접하지 못하는 경우도 있다. 어떤 관계는 거리가 있을 때 더 빛이 난다. 한 권의 책, 한 곡의 음악, 한 그릇의 음식, 한 점의 미술 작품에서 혹은 또 다른 경로를 통해 그 사람의 정수를 만나는 것도 하나의 관계다. 이걸 깨닫고 난 뒤로는 사람을 만날 때 스트레스가 크게 줄었다. 내 곁에 두어야 할 사람과 거리를 두어야 더 좋을 사람, 스쳐 지나가야 할 사람이 자연스레 구분되었다. 그리고 내 곁에는 가족과 친구 외에도 수많은 롤 모델, 멘토, 작가, 위인이 늘어나 인간관계가 더욱 풍요로워졌다.

소유욕을 경계하는 동시에 인간관계에서 중요한 것이 타인의 우주를 존중해야 한다는 것이다. 누구에게나 자기만의 세계, 우주가 있다. 나와 너의 만남은 나의 우주와 너의 우주가 만나는 것이다. 우주의 기원을 설명하는 빅뱅 이론에서는 한 점의 폭발로 우주가 생겨났지만 이 팽창에는 중심이 없다고 말한다. 우주의 중심은 없는 셈이다. 어릴 때는 누구나 내가 세상의 중심이라고 생각한다. 그러나 성장하면서 내가 세상의 중심이 아니라는 것을 깨닫게 된다. 거기서 한층 더 성숙해지면 세상 이치는 절대적인 것이 아니라 상대적이어서 우주와 마찬가지로 인간도 각자가 중심이라는 것을 깨닫게 된다. 주연과 조연으로 이루어진 연극 무대와는 다르다. 인생의 무대는 주인공만으로 이루어져 있음을 자각해야 한다.

인간관계에서 이기적으로 계산기를 두드리는 것만큼 어

리석은 행동은 없다. 눈앞의 작은 이익을 위해 상대방이 손해 보는 계산을 계속하면 큰 유익을 놓친다. 세상에 나 혼자 힘으로 되는 것은 없기 때문이다.

관심으로 연결되는 세상

10년 차이 나는 후배가 뒤늦게 아이를 낳아 키우며 한 말이 있다. "언니는 어떻게 그간 아이 키우는 이야기를 한마디도 안 했어요?" 아이를 키우는 데 온 관심과 정성을 쏟는 후배가 이제야 눈치채고 한 말이다. 결혼 후 한동안 아이가 없었던 후배 앞에서 아이 키우는 이야기를 할 수 없었다. 그것이 자랑이 아니라 고충이라고 할지라도 말이다. 상대방이 마음 아플 이야기, 관심 없어 할 만한 이야기는 아예 화제로 삼지 않는 것이 좋다. 또 나를 과시하고 누군가를 험담하는 것은 금물이다. 서로의 관심사가 일치하는 대화에서는 내가 자칫 상대방의 말꼬리를 자르고 대화를 독점하고 있는 것은 아닌지 주의해야 한다.

요즘 젊은 친구들은 SNS라는 강력한 네트워크를 통해 전 세계를 넘나들며 수많은 이웃과 친구를 만든다. 하지만 그러한 관계를 삶에 도움이 되는 방향으로 활용하지 못하고 자신을 초라하게 여기는 부정적인 마음을 갖게 하는 데 쓰는 건 아닌지 돌아봐야 한다. 나는 SNS를 필수라고 여긴다. 자신이 속한 업계와의 네트워킹, 주변에서 만나기 어려운 다른 분야의 사람과 관계를 맺는 데도 유용하다. 내 시간과 돈을 절약하면서 느슨한 관계를 유지하는 데 이만한 도구는 없다. 자주 만나지 않아도 서로의 스토리를 어느 정도 짐작할 수 있기 때문에 관계의 공백이 생기지 않는다. 문제는 누구의 포스트를 팔로하느냐다. 지금 당장 나의 SNS와 온라인 관계를 점검해보라. 나에게 지혜와 영감을 주는 사람, 나와 같은 분야에서 일하는 탁월한 사람, 내가 추구하는 방향에 먼저 가 있는 사람, 좋은 정보를 주는 사람 등으로 관계를 구축하라. 오프라인과는 달리 얼마든지 내가 원하는 대로 팔로하고 연결할 수 있다는 장점을 놓치지 않기 바란다. SNS에 나의 주소가 없다면 꼭 만들기를 권한다. 자신의 포스트를 활성화하고 말고는 필요에 따른 선택일 수 있으나 아예 멀리하는 것은 매

순간 매달려 사는 것만큼이나 손해다. 동시대를 산다고 해서 모두 21세기 사람은 아니다. 누군가의 삶은 여전히 20세기에 머물러 있다. 당신이 그 누군가가 아니길 바란다.

관계의 시작은 나로부터

많은 사람이 다른 사람에게 부정적인 이야기를 듣는 것을 못 견딘다. 아니, 듣게 될까 미리 염려해 눈치를 보기까지 한다. 그렇다 보니 관계가 늘어날수록 즐거운 것이 아니라 스트레스로 작용하기도 한다. 물론 좋은 평가를 받는 게 반가운 건 맞지만 모든 사람에게 늘 좋은 평가만 받는다는 건 가능하지 않을뿐더러 불필요한 일이기도 하다. 사람들에게 좋은 사람이라는 의미는 '자신에게 잘해주는 사람'인 경향이 있다. 그 사람의 평가는 그 사람의 사정이지 내 사정이 아니다. 이 사람 저 사람 비판하기를 좋아하는 사람은 어딘가 부족한 사람이라고 판단해도 된다. 구름 같은 평판에 연연하지 말고 묵묵히 자신의 길을 가면 된다.

일상의 다양한 일이나 회사 업무에서도 더 중요하고 집중해야 할 일이 있는 것처럼 관계에서도 마찬가지다. 다만 겉으로 드러나는 비판에는 다른 속사정이 있는 경우가 있다. 비판하는 사람의 혀끝에 상처받기보다 담담하게 속사정을 생각해보라. 그 비판을 잠재울 수는 없어도 내가 상처받지 않을 수 있으며 때로 상대방을 이해할 수 있게 된다.

간혹 주변 사람이 마치 자신의 '인격'이나 '신분'인 듯 여기는 사람들을 볼 수 있다.

"내 친구 중에 OO 기업 사장이 있는데 말이지…."
"내 동창 중에 검사장 하는 녀석이 있는데 말이야."
"우리 집안에 건물을 다섯 채나 갖고 있는 사람이 있어."

유독 이렇게 지인을 과시하려는 사람 중에는 자존감이 낮은 사람이 많다. 자신의 이야기보다는 주변인들의 외형적 조건을 늘어놓으며 본인을 더 좋게 봐주기를 희망하는 것이다. 그런 사람과는 깊은 대화를 하기보다 적당한 거리를 두는 것이 좋으며 특히 그의 자존심을 건드려서는 안 된다. 겉으로 호탕해 보여도 속으로는 상처를 잘 받는 유리 멘탈의 소유자인 경우가 많기 때문이다. 개중에는 나를 이용하려는 나쁜 의도를 가진 사람도 있을 수 있다. 나도 모르게 무임승차하려는 심리가 작용하면 영락없이 이런 사람들과 가까워진다. 그러므로 천천히 멀어지는 것이 좋다.

타인과의 관계에 대해 고민하기보다 나를 정리하고 바로 세우는 데 많은 시간을 할애하기를 바란다. 내가 잘 살면 자석처럼 좋은 사람이 끌려온다. 그리고 한 사람을 만나도 소홀히 대하지 않으면 좋은 관계가 저절로 생겨난다. 정현종 시인의 시 구절처럼 사람이 다가온다는 것은 실은 어마어마한 일이라는 사실을 잊지 말자.

성공

: 성공보다 더 큰 성장으로

성공한 사람의 이야기는 항상 세간의 관심을 받다 보니 예전이나 지금이나 다양한 미디어 매체를 통해 조명된다. 2000년대 초반 KBS에서 방영한 〈신화창조의 비밀〉이라는 프로그램이 큰 인기를 끌었다. 산업화 시대에 불가능에 가까운 프로젝트를 성공시킨 위대한 경제 주역들이 보여준 불굴의 의지와 피땀을 담아낸 이 프로그램은 모두에게 큰 감동을 주었다. 기업인을 미화했다는 논란도 있었지만 〈신화창조〉, 〈글로벌 성공시대〉 등 후속 프로그램이 이어질 만큼 인기가 높았다.

그런데 이 프로그램 제작진에게는 한 가지 큰 고민이 있었다. 역경을 극복한 인간 승리 이야기를 다루고자 한 기획

의도와 달리 엉뚱하게도 시청자들은 '그래서 얼마 벌었다더라'에 관심을 두었다는 것이다. 번 돈이 적으면 성공 신화도 시시하게 느껴질 만큼 돈 액수가 곧 성공의 크기로 인식되는 시기였기 때문이다.

진짜 성공이란 무엇일까?

과연 벌어들인 돈의 액수가 성공과 비례할까? 올바른 성공의 정의와 그것을 성취하기 위한 방법에 대해 50여 년에 걸쳐 이루어진 연구를 담은 책《와튼스쿨은 딱 두 가지만 묻는다》에서는 부, 명예, 사회적 지위로 성공의 크기를 가늠하면 안 된다고 단언한다. 내가 원하는 삶에 몰입하고 거기에서 행복을 느끼는 것이 진정한 인생의 성공이라고 말이다. 이 책은 세계 최고의 교육기관으로 꼽히는 와튼스쿨 MBA 과정의 '인생학 강의'를 집약한 것이다. 비즈니스 리더를 양성하는 과정에 인생학 강의가 포함되어 있는 이유는 무엇일까? 돈은 많이 벌었지만 실패한 인생을 살지 않도록 하기 위해서가 아닐까? 실패한 인생이라도 좋으니 돈을 많이 벌었으면 좋겠다 싶은 사람도 있을 것이다. 물론 우리 삶에 돈은 중요한 요소지만 결코 1순위가 될 수는 없다. 일과 돈, 사랑과 돈, 사람과 돈, 시간과 돈…. 무수히 부딪히는 이러한 선택의 순간에서 돈을 1순위로 두는 사람은 후회막심한 삶을 살게 된다.

　인생의 성공이 내가 원하는 삶에 몰입하고 행복을 느끼는 데 있다면, 성공의 크기는 어떻게 가늠할 수 있을까? 서울대학교 행복연구센터의 연구 결과를 담은 최인철 교수의 책 《굿 라이프》에서는 인생의 행복은 재미와 의미가 조화를 이룰 때 충만해진다고 말한다. 내가 다른 사람에게 이로운 일을 한다는 것은 행복감에서 매우 중요한 요소다. 그러니 인생의 성공은 개인적 경제력, 개인적 만족감만으로는 온전히 이루기 힘들고, 그 성공이 사회적으로 얼마나 긍정적인 영향을 미쳤는가로 완성된다. 그래서 나는 인생의 성공을 논할 때 '성공이란 무엇인가?', '어떻게 성공할 것인가?'라는 와튼스쿨의 두 가지 질문에 하나를 더 보태고 싶다. '나의 성공은 우리 사회에 긍정적인 영향을 미치는가?'

성공은 목표가 아닌 방향이다

인간은 누구나 성공을 꿈꾼다. 우리는 크고 작은 성공 경험을 통해 자신감을 채우며 앞으로 나아간다. 미래의 성공은 오늘 하루를 허투루 보내지 않고 땀 흘리며 달리게 하는 동력이 되어준다. 하지만 개인적으로는 성공을 목표로 삼기보다 방향으로 삼았으면 한다.

목표를 좇으며 열정적으로 살던 젊은 시절에 대한 아쉬움 한 가지를 꼽으라면 목표를 이루는 데만 절실했던 나머지 사람들과의 만남, 취미 등 삶을 누리고 가꾸는 것이 얼마나 소중한지 깨닫지 못했다는 것이다. 학창 시절 시험 과목이 아니면, 그중에서도 시험 범위가 아니면 공부하지 않고 지나쳤던 것과 같다고 할까. 돌아보면 그 시기에 놓친 것이 참 많다. 성공은 목표로 삼는다고 이루어지는 것이 아니라 그 방향으로 가는 길에 운과 타이밍이 만나서 이뤄지는 것이다. 따라서 성공을 향해 나아가는 과정 자체를 즐기는 것이 인생을 잘 사는 비법이다. 어떤 일이든 집착하지 않으면 시야가 넓어지고 마음의 여유가 생기며, 그 여유가 하루하루 쌓여가는 과정이 결국 성공이다. 그래서 나는 성공 자체보다 그 과정에서 성장하는 인생에 더 관심을 둔다.

나의 원을 넓혀간다는 것

KBS를 퇴사한 후 잠시 제주에 살 때였다. 류시화 작가님을 만나 퇴사 이후의 계획에 대해 말씀드린 적 있다.

"꿈꾸던 이상을 실현하기에는 여전히 부족하지만, 이제 제 크기를 인정하고 구슬을 꿰어보려고 합니다. 제 크기만 한 목걸이가 완성되겠죠."

작가님은 다소 모호한 내 이야기에 귀 기울이더니 이렇게 답하셨다.

넓은 원을 그리며 나는 살아가네.

그 원은 세상 속에서 점점 넓어져가네.

나는 아마도 마지막 원을 완성하지 못할 것이지만

그 일에 온 존재를 바치네.

류시화 작가님은 단지 몇 마디의 대화를 통해 내 마음을 정확히 꿰뚫고 가장 적절한 답변을 주셨다. 이 문장은 라이너 마리아 릴케의 시구라고 알려주셨는데, 순간 내 마음이 한층 밝아졌다. 끊임없이 이상을 추구하며 온 힘을 다해온 세월을 한마디로 위로받는 듯한 느낌이었다. 200년의 세월을 거슬러 독일의 대문호 릴케도 품었던 마음이라는 류시화 스타일의 격려를 받게 될 줄이야.

거기서 나는 성공이 아닌 성장이라는 단어를 발견했다. 그리고 곧 '성장'은 내 인생 3막의 모토가 되었다. 성장하는 삶은 외면의 조건보다 내면의 나에게 주목하게 해 삶의 모든 과정을 의미 있게 만들어준다. 그렇게 나와 내 세상이 더 넓은 원이 되어갈수록 행복 또한 커져간다. 삶의 마지막 순간에 미소 짓게 하는 진정한 성공이란 바로 이런 모습이 아닐까?

동료보다 우월한 것은 고귀한 것이 아니다.
진정한 고귀함은 이전의 자신보다
우월해지는 것이다.

_어니스트 헤밍웨이

실패

: 성장으로 나아가는 굽이진 길

실패를 달가워할 사람은 없을 것이다. 그러나 의미 있는 성취를 거둔 사람이라면 분명 실패나 시련을 경험한 적이 있을 것이다. 평탄하게 쭉 뻗은 대로만 따라가서는 산 정상에 오르기 어려운 것처럼, 고난과 역경 없이는 어떤 성공도 거둘 수 없다는 것이 내 인생 원칙 중 하나다. 이번 생은 망쳤다 싶은 고난도 고비를 잘 넘기기만 하면 나를 성장시키는 기회가 되며 인생을 성공으로 이끄는 든든한 도약의 발판 역할을 한다. 나 역시 적지 않은 고난과 실패를 거쳐왔기에 후배들에게 이야기를 들려줄 만한 사람이 되었다. 전보다 나은 내가 될 수 있었던 데는 성공과 합격보다 실패와 좌절의 공이 크다.

넘어지고 나서야 알게 되는 것들

하루하루 행복한 삶을 누리는 지금의 나는 실패가 일궈낸 것이라고 할 수 있다. 나는 입시에 실패했고, 취업에 실패했으며 일에서도 실패해봤다. 그렇다고 내 인생이 실패했느냐 하면 오히려 반대다. 나는 불운과 시련 뒤에 찾아온 좋은 기회를 통해 비약적인 성장을 이룬 경험이 여러 번 있다. 그렇기에 누구보다 힘들었던 당시의 모든 순간을 소중하게 생각한다. 오히려 지금은 젊은 시절 더 크게 도전하고 더 크게 실패했다면 더 큰 내가 되어 있을 텐데, 하고 아쉬워할 정도다.

아나운서 시험에 합격하는 일이 낙타가 바늘구멍을 통과하는 것만큼 어렵게 느껴지던 대학교 4학년 때 처음으로 공채에 응시했다. 스스로도 각오에 비해 준비가 부족하다고 느꼈기에 첫 도전은 실전 연습이라는 생각으로 덤덤히 시험에 임했다. 그런데 뜻밖에도 1차, 2차, 3차를 거쳐 4차 실기 시험까지 단번에 이르렀다. 스스로 운이 좋은 사람이 아니라고 생각하던 나로서는 그런 상황이 믿기지 않아 어리둥절하기까지 했다.

4차 시험 전날, 나는 KBS에서 걸려온 전화를 받았다. 전화를 건 담당자는 나에게 대뜸 안경을 쓰냐고 물었다. 질문의 의도는 생각조차 하지 못한 나는 "안 쓰는데요" 하고 짧게 답했다. 왜 방송국 시험 전날 안경 이야기를 꺼냈는지 한 번만 숙고했다면 이렇게 물어봤어야 했다. "근시지만 안경은 쓰지 않고 주로 콘택트렌즈를 끼는데 왜 그러시죠?"라고 말이다. 그러나 그 시절 나는 그리 당당하고 자신감 있는 사람이 아니었고 통화는 짧게 끝났다. 당시 입원 중이던 아빠 병문안을 하느라 병원을 드나들며 정신이 없던 나는 뉴스 원고를 들고 읽는 정도는 아무 지장이 없을 거라는 안일한 생각에 콘택트렌즈를 끼지 않은 채 집을 나섰다.

그런데 순간의 부주의한 판단이 내 인생의 1년과 맞바꾸게 한 실패를 초래했다. 시험장에 들어선 내 앞에는 처음 보는 기계가 있었다. 뉴스 앵커가 고개를 숙이지 않고 카메라를 응시한 채 뉴스를 읽을 수 있도록 도와주는 프롬프터였다. 렌즈를 끼지 않은 탓에 프롬프터의 글씨가 보이지 않았다. 아뿔싸! 하지만 후회해도 이미 늦어버렸다. 그 자리는 치열한 승부를 통해 살인적인 경쟁률을 뚫고 4차 시험까지 살아남은 정예 후보들의 운명이 갈리는 순간이었다. 허무하게 기회를 날리고 싶지 않았던 나는 "저, 안경을 쓰고 읽어도 되겠습니까?" 하고 애써 침착하게 물었다. 심사 위원석이 잠시 술렁였고 안경 착용이 허락되었지만 실격이나 다름없었고 멘탈이 무너진 나는 결국 4차 시험을 통과하지 못했다. 당시 유학이나 대학원 등을 선택할 만한 형편이 안 되는 데다 설상가상 아빠까지 입원해 있었기에 내게 아무런 기약 없이 다시 1년을 준비해야 하는 현실은 아득하게만 느껴졌다. 소중한 기회를 날려버렸다는 자책까지 겹치며 나의 하루하루는 모든 것이 큰 시련처럼 느껴졌다.

실패는 있어도 절망은 없다

사실 내가 겪은 가장 우울한 실패는 대입이었다. 부모님의 기대를 한 몸에 받는 장녀였고, 자존심이 강했으며 미성숙했던 19세 소녀의 좌절감은 더욱 컸다. 1988년 그해는 올림픽을 치르며 온 나라가 1년 내내 축제 분위기였고 대학생이 된 친구들은 해방감을 만끽하며 청춘을 즐겼다. 재수생이던 나는 스스로 매우 초라하게 느꼈고 많이 우울했지만 난생처음 독하게 공부하며 내실을 다졌다. 그리고 1년 후, 마침내 목표로 한 대학에 입학하면서 인생의 첫 실패와 극복이라는 경험을 했다.

아나운서 재수 생활은 대학 입시를 재수한 경험 덕에 좀 더 담담하게 맞설 수 있었다. 스스로를 탓하는 것조차 시간 낭비라는 생각으로 오직 시험 준비에만 매달렸다. 절망에 빠져 있기보다 실패를 받아들이고 노력하기로 마음먹은 것이다. 그런 자세로 하루하루를 버텨내고 마침내 최종 합격 통지를 받은 날 느낀 기쁨을 어떻게 표현할 수 있을까? 1년 연기된 합격은 단순히 실패를 극복했다는 사실뿐 아니라 성장이라는 과실을 가져다주었다. 힘들었던 시간만큼 큰 성취감을 얻은 나는 노력을 통해 실패를 성공으로 바꾸는 긍정의 고리를 내 안에서 강화할 수 있었다. 또 힘겹게 아나운서가 되었기에 내 직업에 대한 사명감과 책임감 또한 더 컸다. 시련의 시간을 허투루 보내지 않고 담금질했던 기억이 인생에서 불운을 행운으로 바꾸는 요령을 알게 해준 것이다.

마법의 주문 '오히려 좋아'

사회 초년생 시절에 경험한 실패와 성장, 성공의 선순환 덕분에 나는 이후 인생의 고비를 맞아 일이 잘 풀리지 않거나 캄캄한 터널을 지나는 것처럼 느껴질 때 충전의 시간과 반전의 기회가 왔다고 생각하는 좋은 습관이 생겼다. 비교적 평탄하게 살아온 것처럼 보일 뿐 나라고 왜 크고 작은 고난의 시간이 없었겠는가? 힘든 일이 닥쳤을 때 주저앉고 엉엉 울고 싶은 마음이 드는 것은 당연하다. 그러나 그 마음을 달래고 난 뒤에는 다시 일어서 삶을 지속해야 한다. 참 이상하게도 고난과 불운은 한꺼번에 몰아쳐 삶을 감당하기 어렵게 만들기도 한다. 그렇다고 그런 시기가 고통스럽기만 한 것은 아니다. 어김없이 작은 기쁨이 있고 보람을 느낄 수 있고 행복한 순간이 있다. 가장 중요한 것은 어떤 일이 닥치든 그 일을 본질보다 더 깊은 어둠이 되게 하지 않는 것이다. 내가 그동안 살면서 가장 잘한 것은 어려움을 더 크게 키워 후에 더 큰 화가 되지 않도록 지혜롭게 해결했다는 것이다.

나는 이제 시련을 만나면 '전에도 잘 넘겨왔으니 이번에도 할 수 있어', '앞으로 더 좋은 일이 있겠는걸?' '쉬어 갈 수 있다니 그동안 못했던 일을 해야겠어' 등 '오히려 좋아!'라는 자세로 덤비게 되었다. 그간 극복해온 실패가 준 힘이다.

실패는 좌절의 시간이 아닌 응축의 시간이다. 이 과정이 없으면 발산의 시간 또한 없다. 실패는 이렇듯 에너지를 모을 수 있는 충전의 계기로 받아들여야 한다. 어려움은 인생의 한 조각일 뿐 전체가 아니다. 1년이 걸릴지 10년이 걸릴지 몰라도 결국 지나간다.

또한 실패는 당신이 약한 사람이라는 증거가 아니다. 오히려 실패해본 적 없는 사람이야말로 연약한 사람이다. 어른은 실수하지 않는 사람이 아니라 실수를 통해 단련되고 이를 성장으로 승화하며 실패에서 배우는 사람이다. 실패는 어른을 어른답게 만들어주는 최고의 선생이다.

온전한 나로서 선택할 것

시련을 만났을 때 해야 하는 가장 중요한 일은 '선택'을 잘하는 것이다. 인생은 결국 선택의 연속이지만 일이 잘 안 풀릴 때는 스스로 위축되어 자신감도 떨어지고, 정신도 혼란스러워 왜곡된 선택을 하기 쉽다. 인생 전체로 보면 크지 않은 일을 계속 악수를 두며 키워서 결국 파멸을 자초하기도 한다. 끝내 시련을 극복해 승화시키지 못하고 상처받은 채 봉합되면 '나는 역시 안 되나 봐', '나는 애초에 실력이 부족해', '남들이 시키는 대로 할걸' 등의 생각으로 패배주의에 젖어버리기도 한다.

시련 없는 인생은 없다. 그러나 시련을 키워 더 큰 불행으로 몰아가는 것은 나 자신이다. 시련은 통과해 성장해야 한다. 그러기 위해서는 어떤 순간에도 온전한 나로서 긍정적인 선택을 해야 한다.

남과 비교해 부족한 나로서 선택하지 마라

'나는 누구처럼 (   )하지 못하니까', '나는 (   )가 부족하니까'의 괄호 안에 들어갈 말이 없는 사람은 없을 것이다. 나도 금세 수십 개를 채울 수 있다. 그러나 나는 내가 부족한 것에만 집중해서 선택하는 것을 경계한다. 스스로에게 "내가 부족함이 없는 사람이라면 어떤 선택을 했을까" 하고 여러 번 질문한다. 부족함을 채우는 선택이 아니라 내가 성장하는 선택을 해야 한다.

과거에 연연하지 말고 선택하라

과거를 회피하기 위한 선택은 오히려 과거에 얽매이는 것이다. 어제 일어난 나쁜 일은 어제로 종결짓고 오늘은 새로운 선택을 하고자 하는 마음가짐을 갖도록 노력해보자. 과거와 오늘 그리고 내일은 선으로 연결되는 것이 아니라 무수한 점으로 연결되어 있다. 선택이라는 많은 점이 모여 선처럼 보이는 것이다. 우리의 기억은 어제와 오늘이 연결된 것처럼 느끼게 하지만, 어제는 어제이고 오늘은 오늘이다. 마찬가지로 내일은 오늘과 다른 날이다. 그러니 과거의 연장선상에서 벗어나 오늘을 좋은 점에 연결하는 선택을 해보자. 털어낼 것은 털어내고 새롭게 선택지 앞에 서라.

바꿀 수 없는 것보다 할 수 있는 것을 찾아라

세상은 불공평하다고 생각하지 말고 다양하다고 생각하자. 각자 삶의 형태와 무게가 다르기 때문이다. 살아 있는 동안 나의 길은 내가 만들어가야 한다. 전 세계 사람들이 모여 함께 걷는 것처럼 보여도 결국 자신의 길을 자신의 속도로 완주하는 것이 목표인 산티아고 순례길처럼 말이다.

사지가 없이 태어나 세상에서 가장 불행한 사람이 되었을 뻔한 닉 부이치치가 어떻게 행복을 전하는 세계적인 강사가 되었을까? 바로 자신의 모습을 다양한 삶의 한 형태로 받아들이고 할 수 있는 일에 집중한 결과다. 태어난 그대로를 인정하는 온전한 마음가짐은 좋은 선택으로 이어져 스스로를 성장시켰고, 일과 사랑에서 성공과 행복을 일구도록 도왔다.

지금 겪는 어려움은 지나가는 것이라는 사실을 기억하라

현실을 직시하는 것은 매우 중요하다. 그러나 현실에 위축되거나 매몰될 필요는 없다. 기울어진 운동장 위에 서 있는가? 상처를 받았는가? 장애가 있는가? 만약 당신이 어떤 선택을 하려고 하는데 그것이 현명한 것인지 가늠해보고 싶다

어른 연습

면 '내 처지가 아니라면 어떤 선택을 하는 것이 가장 좋을까' 라고 생각해보자. 그리고 지금 내 상황에서 그 선택을 할 방법은 정말 없는지 고민해보는 것이다. 그런 후에 숙고하고 선택하자.

아무리 어려워도 사랑하는 사람을 고려해 선택하라

30대 후반에 우리 부부는 서로 얼굴 볼 틈도 없이 바쁘게 보냈다. 아이를 위해서라도 가족이 함께하는 시간을 가져야 했고, 남편의 안식년에 맞춰 계획을 세웠다. 미국의 메릴랜드대학에서 남편은 교환 교수, 나는 방문 연구원(Visiting Scholar) 자격을 받을 수 있었다. 시부모님을 초청해 두 달간 함께 지내며 틈틈이 여행을 다녔다. 시부모님이 가신 후에는 친정 부모님과 한 달간 여행을 다녔다. 해외에서의 1년은 여행이라면 길지만, 생업과 연수의 시간으로는 짧은 기간이다. 그러나 인생에 두 번 오지 않을 기회이기에 그중 3개월을 양가 부모님과 공유한 것이다. 3대가 함께 해외를 여행할 기회가 그리 흔한가 싶었기 때문이다. 결코 여유가 있어서 여행을 한 것이 아니다. 우리는 맞벌이 부부였고 내 월급이 더 많던 시기였다. 그런 내가 1년간 휴직하고 회사에서 월급을 받지 못하니 빠듯할 수밖에 없었다. 남편이 여행 경비를 마련하느라 나 모르게 친구에게 돈을 빌렸다는 사실은 나중에 알았다.

지금 내게는 부모님을 비즈니스석에 모시고 좋은 호텔과 레스토랑에 갈 만한 경제적 여유가 생겼다. 그러나 여행도 때가 있는 법. 현재는 양가 부모님 가운데 한 분씩 두 분만 살아 계신다. 그리고 연세가 들어 장거리 여행도 어려워졌다. 생전에 시어머니는 캐나다 몽트랑블랑의 단풍을 그렇게 보고 싶어 하셨다. 아들 내외, 손녀딸과 함께 2주간 캐나다 여행을 한 후 당시 찍은 사진을 보며 두고두고 행복해하셨던 모습이 지금도 눈에 선하다. 라스베이거스의 유명한 쇼를 친정 부모님만 보여드리고 우리는 밖에서 기다렸던 기억도 난다. 온 가족이 보기에는 비용이 너무 비쌌다. 지금은 고인이 된 친정아버지가 당시 여행한 기억을 두고두고 즐겁게 회상하셨다. 효도를 하라는 이야기가 아니다. 빠듯하던 시절에 무리해서라도 여행을 한 것이 두 분을 잃고 허전해하는 나에게 큰 위안이 된다. 앞가림하기 급급한 시절에는 진짜 중요한 것을 놓칠수 있는데, 그때 잊지 말아야 할 것은 돈은 1순위가 될 수 없다는 것이다. 돈은 복구할 수 있지만 흘러간 시간과 추억, 삶은 그럴 수 없다.

남을 원망하지 말고 나에게 집중하라

내가 겪는 시련은 누구의 탓도 아닌 경우가 많다. 나의 한정된 에너지를 남을 미워하는 데 쓰는 것이 아깝지 않은가? 나의 에너지는 오롯이 나를 회복하고 성장시키는 데 써라. 어떤 사람을 미워하고 마음에 칼을 품는 것은 오히려 나를 해치고, 악연을 강화하는 것일 뿐이다.

나와 세상을 객관적인 시각으로 보는 관찰자가 되어라

인생 항로는 모두 다르기 때문에 인생을 비교할 필요 없다. 그러나 내 길을 가는 데 집중하라는 것이 내 입장에 함몰된 독불장군이 되라는 뜻은 아니다. 자신의 길을 가라는 것은 예민한 촉각으로 세상을 살피고 세상 속에서 나의 좌표를 정확히 알되, 있는 그대로의 나의 삶을 수용하고 사랑하라는 의미다.

쉬운 선택보다 어려운 선택을 하라

어려운 선택이 좋은 선택일 확률이 높다. KBS에서 한류 확산 프로젝트를 담당해 기획자로 치열하게 일하다 5년 만에 방송에 복귀했다. 무려 5년에 달하는 공백, 40대 후반이라는 나이, 간판 아나운서로서 이력 등으로 당시 나는 조금은 어정쩡한 위치에 있었다. 담당자들도 내게 어떤 프로그램을 맡겨야 할지 고민하는 것 같았다. 그래서 모두가 꺼리지만 누군가는 가야 하는 지역 위클리 프로그램 진행자로 자진해서 나섰다. 그 결정에 모두가 놀랐는데, 지역 방송으로 가는 것을 좌천으로 여기는 분위기가 있었기 때문이다.

하지만 나는 그간의 경험과 스스로에 대한 믿음으로 그런 결정을 했다. 온전한 나로서 선택했기에 두렵지 않았다. 오히려 이것을 힐링의 기회로 삼아 여행하는 마음으로 출장을 다녔다. 억지로 등 떠밀려 갔다면 자존심도 상하고 마음이 힘들었을지 모른다. 하지만 결과적으로 이 방송은 시청률이 두 배 넘게 오르는 쾌거를 거두어 긴 공백에도 진행자로서 내 가치가 여전함을 증명하는 계기가 되었다. 어려운 결정을 한 덕에 사람들도 나를 달리 보았다. 이후 본사 〈아침마당〉 진행을 맡았다. 어려운 길을 선택한 결정이 더 큰 복으로 돌아온 것이다.

내가 지난 시련을 삶의 자양분으로 돌려 긍정적인 결과를 낳고 성장할 수 있었던 것도 지금 돌이켜 보면 순간순간의 선택 덕이다. 상황을 모면하고 싶어 쉬운 선택을 했다면 어땠을까 생각하면 아찔한 경우도 많다. 온전한 나로서 선택하고, 노력을 통해 성공적으로 극복하며 성장한 경험은 내 삶을 선순환시켜주었고 행복한 인생 3막을 열게 해주었다.

용기

: 아무것도 아닌 나로서 살아갈 힘

어른에게 '용기'는 어려운 단어다. 용기를 내려면 모험을 감수해야 하지만 나이가 들수록 모험을 두려워하게 된다. 지켜야 할 것이 많을수록 내려놓기 어려운 법이고, 경륜이 쌓이는 동안 견고하게 다져진 생각의 틀을 깨는 것은 더 어렵다. 그리고 한번 넘어지면 회복하기 어려운 시기라는 것도 하나의 이유가 된다. 그래서 젊은 시절에는 모험을 추구하던 사람이라 해도 나이 들면서 자연스럽게 안정을 추구하게 된다.

어른에게 용기가 부족해지는 또 다른 이유는 어른이 될수록 문제를 바라보는 시각 자체가 달라지기 때문이다. 문제에 대한 해석도 단순명료하기보다 심층 복합적으로 변하며 파장을 일으키기보다 원만하게 문제를 해결하길 원한다. 내 행동이 초래할 위험, 포기해야 하는 이익과 감수해야 할 손해, 사회적 낙인 등에 대해 알아갈수록 안정적인 것이 가장 좋다는 생각에 다다른다. 정답이 따로 없는 인생에서 실리를 챙기는 게 이익이라는 안일함도 한몫한다. 어른이 용기를 내는 것이 중력을 거스르는 일처럼 어려운 이유다. 하지만 용기는 반드시 필요한 덕목이다. 공동체의 문제 해결이라는 거창한 이유 때문이 아니라 스스로 후회하지 않는 삶을 살기 위해서 말이다.

어른의 용기란 무엇일까?

내가 말하고자 하는 '어른의 용기'는 사회정의를 위해 과감히 목숨을 걸거나 부당함을 폭로하는 등의 태도가 아니다. 나이 들면서 외로운 꼰대로 변질되지 않고 행복한 어른으로 살아가는 데 필요한 용기를 말하고 싶다.

가장 중요한 것은 '욕심내지 않을 용기'다. 그러기 위해서는 내가 '아무것도 아니어도 될' 자존감을 갖추어야 한다. 돈, 명예, 권력, 인기 등의 사회적 평가에서 자유로워져, 껍데기를 벗은 온전한 나로 살아갈 용기다. 멈춤의 용기를 내지 않고 계속 사다리를 오르는 일에만 열중하면 마지막에 마주하게 되는 것은 빈껍데기뿐이다.

작가이자 조각가, 환경 운동가이기도 한 트리나 폴러스가 쓴 동화《꽃들에게 희망을》에는 다음과 같은 이야기가 등장한다. 주인공인 호랑 애벌레는 어느 날 애벌레 행렬을 따라 기둥을 오른다. 아주 높이 솟은 기둥 꼭대기는 구름에 가려져 무엇이 있는지 알 수 없었지만 자신이 찾는 무언가가 있을 거라는 생각에 열심히 올라갔다. 애벌레들은 서로 싸우고 짓밟으며 쉴 새 없이 올라가는데 누구도 기둥을 오르는 이유를 몰랐다. 정확히 말하면 이유 따위는 생각할 겨를도 없었다. 반면 노랑 애벌레는 그 기둥에서 빠져나왔다. 파릇한 풀을 뜯어 먹고, 놀고, 사랑했다. 그러다 홀로 나뭇가지에 거꾸로 매달려 있는 늙은 애벌레를 만났다. 늙은 애벌레는 나비가 되기 위해서는 먼저 고치를 만들어야 한다고 말했다. 노랑 애벌레는 두려움을 떨치고 고치가 되기로 결심한다. 반면 호랑 애벌레는 독하게 마음먹고 애벌레 기둥 꼭대기로 올라갔다. 그리고 그곳에서 거대한 기둥의 수수께끼를 알게 되었다. 그토록 많은 희생을 치르고 올라간 꼭대기에는 그저 떨어지지 않기 위해 뒤에 올라오는 애벌레를 밀어 떨어뜨리는 애벌레들만 있을 뿐, 고귀한 그 무언가는 전혀 없다는 것을 말이다. 밑바닥에서 올려다보았을 때만 대단해 보였던 것이다.

호랑 애벌레는 기둥 꼭대기에서 나비가 되어 날아온 노랑 애벌레를 만났다. 호랑 애벌레는 비로소 그동안 뚜렷한 목적도 없이 그저 높이 오르려는 자신의 본능이 얼마나 잘못됐는지 깨달았다. 자신이 진정 원했던 것은 맹목적으로 남들을 따라 기어오르는 게 아니라 스스로 나는 것이라는 사실도. 결국 호랑 애벌레는 눈먼 욕망의 기둥에서 내려와 스스로의 날개로 하늘을 나는 호랑나비가 된다.

우리가 진정 원하는 '그곳'은 욕망의 사다리에 오를 때 도달하는 것이 아니라 고치의 기간을 거쳐 나비가 되었을 때 도달할 수 있을 것이다. 애벌레가 기둥을 오르고 또 오르다가 행복을 누리지도 못하고 생을 마감한다면 그보다 안타까운 일은 없을 것이다. 호랑 애벌레처럼 욕망을 내려놓을 용기, 자신이 잘못 생각했음을 인정하는 용기, 다시 도전할 수 있는 용기를 갖는 것은 진정한 삶의 기쁨을 위해 반드시 필요한 태도다.

아무것도 아닌 나를 마주할 용기

'아무것도 아닌 내가 괜찮다'라고 스스로를 있는 그대로 받아들이는 것은 껍데기뿐인 삶에서 벗어나 자신을 소중히 여길 때 비로소 가능한 것이다. 일이나 자리가 나를 귀하게 만드는 것이 아니라 내가 있는 자리, 내가 하는 일이 귀하다는 생각을 가질 수 있을 만큼 자존감을 높이라는 뜻이다. 다른 이의 눈을 신경 쓰지 말고 자신의 눈으로 스스로를 바라봐야 하는 것이다.

나로서 살아간다는 건 저절로 이루어지는 일 같아도 어쩌면 제일 어려운 일일지 모른다. 있는 그대로의 자신을 대면

하는 것 자체가 용기 없이는 할 수 없는 일이기 때문이다. 스스로를 인정하고 마음에 들지 않는 부분까지 받아들이는 것은 결코 쉬운 일이 아니다. 타인의 시선에서 자유로워지는 데도 용기가 필요하다. 다른 이의 시선이나 평가를 신경 쓰지 않고 자신의 기준으로 생각하기 위해 필요한 자존감은 용기를 내지 않으면 얻을 수 없다. 아들러 심리학을 설명한 기시미 이치로, 고가 후미타케의 책 《미움받을 용기》는 이러한 용기에 대해 이야기한다. 이 책이 나답게 살아가려면 어떻게 해야 할지 방법을 알려줄 것이다. 자신의 삶으로 충만한 용기 있는 어른을 많이 만날 수 있게 되기를 바란다.

내가 생각하는 담대함은 취약함을 드러내는 용기다.

_브레네 브라운

어른

: 닮고 싶은 내 곁의 롤 모델

어디에나 길잡이는 있다

KBS 입사 시험 최종 면접에서 "나이 마흔에는 오프라 윈프리 같은 최고의 진행자가 되고 싶습니다"라고 포부를 밝혔다. 나중에 깨달은 거지만 포부가 참 컸다. 여자 아나운서는 결혼하고 서른만 넘겨도 나이가 많다며 프로그램을 맡기기 꺼리던 시절이었다. 그리고 KBS의 신은경, MBC의 백지연이라는 양대 산맥이 모든 아나운서 지망생의 롤 모델이었다. 나역시 두 아나운서를 선망했다. 그리고 여성 앵커의 권한이 인정되지 않던 당시의 뉴스 시스템에서 독보적인 성취를 이룬두 선배님 이상의 역할을 하고 싶었다. 그런 의욕을 키우다 보니 자연스레 진행자 중심으로 방송이 이루어지는 미국 방송의 호스트, 즉 바버라 월터스, 래리 킹, 오프라 윈프리 등에게 관심을 두게 되었다.

오프라 윈프리는 나의 높은 이상을 반영한 롤 모델이었지만, 막상 아나운서가 된 후에는 저 멀리 있는 별보다 직접 가르침을 받을 수 있는 스승이 필요했다. 손석희, 정관용 두 분의 방송을 최대한 모니터링했다. 두 분은 시대를 앞서가는 세련된 스타일을 보여주었고, 이지적인 카리스마에서 뿜어내는 존재감이 대단했다. 여자 손석희, 여자 정관용을 목표로 삼다 보니 자연스레 시사 프로그램 진행자가 되고 싶다는 꿈을 꾸게 되었다.

그러나 손석희 앵커는 타 방송국의 남자 아나운서였고 정관용 진행자는 시사 평론가 출신으로 나오는 배경과 여건이 매우 달랐다. 여자 아나운서는 남자 진행자의 보조 역할이자 '꽃'처럼 세팅되는 현실과 꿈의 간극은 너무 컸다. 그런 간극을 실감할수록 혼란스러워졌고, 믿고 따를 만한 롤 모델, 특히 여자 롤 모델을 만나고 싶다는 생각으로 가득했다.

하지만 지금은 안다. 당시에도 롤 모델로 삼을 만한 인물이 없었던 게 아니라 내가 모든 면에서 완벽한 존재를 찾았기 때문에 눈에 보이지 않았다는 것을. 한번은 우리나라 최고의 대기업에서 수십 년간 인사를 담당해온 전문가가 직장 생활을 위한 팁으로 이런 조언을 해주었다.

"직장에서 무조건 따를 수 있는 선배 한 명과 나를 무조건 따를 수 있는 후배를 한 명씩 만들어라."

자세한 이유는 들려주지 않았지만 그분 말씀대로 해보기로 했다. 그런데 무조건 따를 수 있는 선배를 만드는 건 의외로 쉽지만 나를 따르는 후배를 만드는 건 참 어려운 일이라는 것을 깨달았다. 일단 마음속으로 선배 두 명을 정했다. 막연한 계기로 시작한 일이지만 막상 두 선배를 '내가 모실 사람'으로 정하고 나니 배울 점이 정말 많아서 놀랐다. 그리고 더 놀라운 것은 내가 선배들을 살뜰히 대하니 두 분이 더 큰 품으로 나를 안아주었다는 점이다. 마음이 가는 두 선배님 덕분에 직장 생활을 하면서 처음 푸근함과 안전함을 느꼈다.

밖으로만 떠돌던 나그네 같던 마음이 고향을 찾은 것 같았다. 결국 두 선배님은 퇴사할 때 함께 의논하고, 퇴사한 후에도 서로 많은 부분을 공유하는 든든한 친구가 되어주었다.

결국 사람이 남는 것이다. 25년간 다닌 직장에서 이런 푸근한 관계 하나 만들지 못했다면 얼마나 후회와 아쉬움이 남았을까. 뒤늦게나마 두 선배님과 가까워져서 얼마나 다행인지, 나에게 조언을 해주었던 어른께도 진심으로 감사하다. 이런 경험은 직장을 넘어 내 인생의 롤 모델을 적극적으로 찾아봐야겠다고 결심하는 계기가 되었다. 마음을 열면 나를 이끌어줄 만한 어른은 얼마든지 찾을 수 있다. 나는 그럴 만한 어른을 꽤 찾았고, 지금도 찾고 있다. 여기에 내 길잡이가 되어주는 몇 분의 여성을 소개한다.

내 인생의 롤 모델

박경리

대하소설 《토지》의 작가 박경리 선생은 〈오유경의 인생 책방〉을 진행하며 누군가의 인생 책으로 만난 롤 모델이다. 방송 준비를 하며 알게 된 그녀의 인생사와 삶의 태도가 너무나 존경스러워 닮고 싶다는 생각을 했다. 박경리 선생은 《토지》라는 장대한 소설을 쓰기 위해 정릉 골짜기에 허름한 집을 마련해 칩거하면서 고향 집은 물론 친구와도 거리를 두며 모든 인연을 끊었다 할 정도로 타인과 교류하지 않았다. 1969년 집필하기 시작해 1994년에 전 5부 16권 분량의 소설을 탈고할 때까지 오랜 시간을 견디며 작품을 써냈다. 신문

연재로 시작한 《토지》는 폭발적 인기를 얻었고, 온갖 인터뷰 요청이 쇄도했지만 선생은 동요하지 않고 오직 작품에만 집중했다. 평사리라는 작품 속 공간에 한 번도 가본 적이 없는 선생은 완벽한 재현을 위해 방대한 자료 조사와 공부를 멈추지 않았다.

무려 25년간 세속과 등지고 집필에 몰두하며 현대 문학사에 한 획을 그을 작품을 완성해낸 선생은 자신이 이룬 성과와 엄청난 인기에 취할 만도 했지만, 뜻밖의 행보를 보였다. 강원도 원주 생가에 작가를 위한 문학관을 지어 형편이 어려운 작가들이 글을 쓸 수 있는 공간을 마련한 것이다. 박경리 선생은 그곳에서 농사를 지으며 매일 그들에게 밥을 해 먹였다. 작가들에게 무엇보다 필요한 것이 방해받지 않고 집필에 전념할 수 있는 공간이라는 사실을 누구보다 잘 알았기 때문이다.

선생은 작품 활동과 후학 양성에 전념했던 탓에 업적과 명성에 비해 제대로 된 인터뷰가 별로 없다. 다행히 《토지》 탈고 10년 만에 진행한 특별 대담과 두어 편의 다큐멘터리 덕에 선생의 육성과 모습을 간신히 만날 수 있었다. 박경리 선생은 2008년에 81세의 나이로 작고하셨는데 한순간만이라도 선생님을 가까이서 뵐 수 있었다면 얼마나 좋았을까 아쉬울 뿐이다. 선생이 남긴 말씀과 작품만으로도 그녀의 인간적 향기와 사상을 충분히 느낄 수 있었다. 선생이 스스로 집필 공간을 마련해 작업에 몰두했듯 나 역시 관계에 연연하지 말고 혼자만의 시간을 지켜내리라 다짐하곤 했다. 또 자연의 일부인 삶의 본질을 잊지 않고 욕망의 노예가 되지 않도록 노력하게 되었다. 삶, 생명, 흙을 치열하게 사랑했던 선생은 내 마음속 깊은 곳까지 울림과 영향을 준 최고의 롤 모델이다.

다이앤 본 퍼스텐버그

옷을 보며 대체 이 옷을 누가 디자인했을까, 궁금해한 건 처음이었다. 나의 '최애' 원피스의 주인공 다이앤 본 퍼스텐버그(Diane von Fürstenberg)의 삶은 그녀가 디자인한 옷에 그대로 드러난다.

독일 왕자와 결혼해 왕족의 일원이 되었지만, 자신의 일을 하기를 간절히 원했던 그녀는 그 자리를 박차고 나와 '독립적인 여성이 되고 싶다'는 신념으로 삶을 개척해나갔다. 그녀는 1977년 〈뉴욕타임스〉와 나눈 인터뷰에서 "나는 나 자신 그 자체가 되고 싶었지 분수에 넘치는 결혼을 한 평범한 여자가 되고 싶지 않았다"라고 말했다. 패션 디자이너가 된 그녀는 일하는 여성을 위한 아름답고 실용적인 랩 드레스를 만들어 업계의 주목을 받았는데, 이는 곧 그녀의 시그너처가 되었다. 그리고 그녀의 이름을 딴 DVF라는 브랜드는 대성공을 거두었다.

나는 유학 시절 뉴욕 우드베리 아웃렛에서 DVF 원피스를 처음 보았다. 당시 DVF가 디자이너 이름인 줄도 몰랐던 터라 그녀의 스토리를 알 리 없었다. 방송에서 주로 입던 부티크 정장은 몸에 딱 맞춰 입으면 팔을 들어 올리기조차 불편할 정도로 마네킹에나 적합한 옷이었다. 그런데 DVF의 원피스는 격식을 갖춘 디자인이면서도 입고 운동을 해도 될 정도로 편안했고, 무엇보다 몸의 라인을 아름답게 드러냈다. 입는 순간 '당당하게 활동하는 커리어 우먼을 위한 옷'이라는 느낌을 강하게 받아 그날 DVF의 옷을 여러 벌 샀다. 귀국한 후에도 백화점에서 매장을 발견하고 기뻐했던 기억이 난다. 그런데 우리나라에서는 DVF가 미국에서처럼 큰 성공을 거두지 못하고 얼마 지나지 않아 철수했다. 준명품이라는 콘셉트로 브랜딩해 고가 이미지를 지녔기 때문이 아닌가 한다. 브랜드를 그녀의 옷에 담긴 여성성, 독립심, 개척 정신 등으로 차별화했으면 어땠을까 하는 아쉬움이 남는다.

나는 이런 다이앤 본 퍼스텐버그의 옷에서 많은 힘을 얻었다. 그녀의 사진은 지금도 내 컴퓨터 바탕 화면을 차지하는데, 몸을 건강하고 아름답게 관리해 그녀의 옷을 다시 한번 멋지게 소화하고 싶다는 소망을 가지고 있다.

다이앤 렘

다이앤 렘은 NPR이라는 공영 라디오방송의 인기 진행자로 미국 사람들에게 존경받는 여성 앵커다. 경력 단절 주부였던 그녀는 36세에 다시 일을 시작했다. 라디오 프로그램의 보조로 7년째 일하던 그녀에게 어느 날 우연히 기회가 찾아왔다. 진행자에게 갑자기 일이 생겨 대타를 맡게 된 것이다. 이를 계기로 결국 최고의 진행자 자리에 올랐다는 드라마 같은 이야기다. 그런데 여기서 더욱 영화 같은 일이 벌어졌는데, 그녀의 목에 이상이 생겨 소리를 내지 못하게 된 것이다. 다이앤 렘은 불치병이라는 판정을 받고 마이크를 내려놓았다. 하지만 그녀는 포기하지 않고 몇 년에 걸친 눈물겨운 재활 끝에 마침내 목소리를 되찾았다. 비록 예전처럼 돌아갈 수는 없었지만 조금 어눌하나마 대화를 할 수 있게 된 것이다. 방송인으로서는 치명적인 장애였지만 NPR과 청취자들은 그녀의 방송을 반겨주었다. 다시 방송을 하게 된 그녀는 이후 꾸준히 〈다이앤 렘 쇼〉를 진행하며 최고의 시사 진행자로 자리매김했다.

미국에서 연수 중 내가 즐겨 듣던 라디오 프로그램이 바로 〈다이앤 렘 쇼〉였다. 그녀가 말을 천천히 한 덕분에 영어에 서툰 내가 비교적 쉽게 알아들을 수 있었다. 나는 당시 한 달에 한 번 여성 잡지에 글을 기고하고 있었는데, 다이앤 렘의 이야기를 소개하고 싶어 그녀에게 직접 인터뷰를 신청했다. 메릴랜드대학교 교수님의 도움으로 그녀와의 만남이 성사되었다. '경단녀'였던 그녀가 방송 진행자로 성공하기까지 스토리는 그야말로 감동이었다. 나의 롤 모델을 찾았다 싶어 어떻게 하면 방송을 잘할 수 있겠느냐고 물었더니 "가장 중요한 건 잘 듣는 것"이라는 답이 돌아왔다. 당시 그 말에 신선한 충격을 받았다. 어떻게 하면 말을 더 잘할까 고민해왔던 나는 처음으로 '듣는다'는 것이 진행의 중요한 요소라는 사실을 깨닫게 되었다.

시간이 한참 흐른 지금은 "잘 들어야 제대로 말할 수 있다"는 그녀의 말뜻이 더욱 가슴에 와닿는다. 나 역시 잘 듣는 능력을 진행자의 시작이요 끝으로 여긴다. 어려운 상황에서도 좌절하지 않고 자신의 길을 만들어가고 전 세계에 자신의 목소리를 전한 다이앤 렘과 그녀를 선택한 미국 청취자들은 내게 큰 교훈을 주었다.

윤여정

코로나가 한창이던 2021년 봄, 배우 윤여정이 한국 최초로 아카데미 여우 조연상을 수상한다는 소식이 들렸다. 74세에 일생일대의 기회를 얻어 화려한 스포트라이트를 받다니 이 얼마나 극적인가? 그녀가 시상식에서 입은, 그녀다움을 더욱 강조한 블랙 드레스와 마치 안방에서 친구들에게 말하듯 위트를 잃지 않은 인터뷰는 그녀가 배우로서의 관록뿐만 아니라 인생의 관록이 대단한 어른이라는 사실을 보여주었다. 그녀는 아카데미상 트로피를 거머쥔 채 이렇게 말했다. "나는 경쟁을 믿지 않는다. 우리는 각기 다른 영화의 다른 역할로 수상한 것이다. 오늘은 내가 운이 더 좋은 사람 같다."

이 말은 함께 후보에 오른 다른 배우들을 존중하고 배려한 미담으로 큰 찬사를 받았지만 사실 그것이 다가 아니라고 생각한다. 인생을 다른 이와의 경쟁이 아니라 자기 자신과의 싸움으로 생각해온 사람만이 할 수 있는 말인 것이다. 스포트라이트 밖에서 활동한 오랜 세월 동안 다른 배우가 수상을

어른 연습

하건 말건, 주연을 맡건 말건, 인기가 있건 없건 관계없이 윤여정 배우는 무대 위에서 자신만의 역할을 꾸준히 수행하고 있었다. 결코 녹록지 않았던 자신의 삶이 던진 과제에 충실했던 것이다. 그러자 어느 날 아카데미상은 선물처럼 다가왔다. 그것이 그녀가 말한 "오늘은 내가 더 운이 좋은 것 같다"는 말의 참의미일 것이다.

나는 배우로서 고루하지 않은 그녀만의 칼칼한 연기를 좋아했지만 그 이상은 알지 못했다. 그녀가 영화 〈미나리〉로 세계적인 주목을 받았을 때부터 뒤늦게 배우이자 건강한 멘탈의 소유자인 '어른' 윤여정을 바라보게 되었다. 무엇보다 배우 인생을 정리할 나이다 싶은 74세에 최고의 전성기를 맞이한 그녀에게 격한 응원의 박수를 보낸다. 지금 나는 인생의 철학자 윤여정을 롤 모델로 삼아 내 역할과 일에 담담히 최선을 다하고 있다. 오늘의 나는 어제의 나와 경쟁할 따름이다. 그리고 그녀처럼 일흔을 넘겨 진행자로서 최고의 전성기를 맞이하고 싶다.

오드리 헵번

    내 방에는 오드리 헵번이 한 마리 새처럼 자유롭게 날아 오르는 장면이 담긴 액자가 있다. 인물 사진의 대가 필립 할 스먼의 작품이다. 필립 할스먼은 미국을 대표하는 시사 화보 잡지 〈라이프〉의 표지 사진을 101번이나 찍은 작가다. 지금은 비록 폐간되었지만 〈라이프〉의 세계적인 명성으로 봤을 때 그의 위상을 짐작할 수 있다.

    2013년 겨울 끝자락에 필립 할스먼의 작품을 소개하는 〈점핑 위드 러브(Jumping with Love)〉전이 서울에서 열렸다. 오 드리 헵번, 마릴린 먼로, 그레이스 켈리 등 배우를 비롯해 마 돈나 같은 스타와 카네기 같은 정치인은 물론 살바도르 달 리 같은 예술가까지, 그야말로 역사의 한 페이지를 기록한 유 명 인사들의 모습을 담은 인물 사진전이어서 많은 관심을 모 았다. 나는 수많은 인물 사이에서 오드리 헵번의 모습이 담긴 액자를 구입했다. 그녀만큼 아름다운 배우는 많지만, 그녀만 큼 아름다운 삶을 산 배우는 없기 때문이다.

    내가 오드리 헵번을 롤 모델로 생각하는 이유는 인생 후반에 어린이들의 생명을 구한 헌신적인 자선 행보 때문만은 아니다. 젊은 시절과 다름없이 군살 없는 몸매와 날렵한 턱선, 자연스럽고 인자하게 주름진 얼굴, 여전히 해맑은 표정, 반듯하고 우아한 자태, 세련된 스타일 등 그녀의 말년 사진은 많은 이야기를 들려준다. 오드리 헵번과 동시대에 활동한 다른 배우를 보면 그녀가 쌓아 올린 내면과 외면의 아름다움이 얼마나 위대한 것인지 깨닫게 된다. 많은 사람이 조금이라도 젊음을 유지하고 싶은 욕망에 휘둘려 지나친 성형에 의존한 나머지 자연스러운 미모를 잃기도 하고, 인기에 취해 여러 구설수에 휘말리며 젊은 시절의 영광을 반납하기도 한다. 나이 듦을 인정한 행복한 어른이 되지 못하고 미성숙한 아이로 남은 그들을 보면 팬으로서 아쉬움이 남는다.

그녀는 '우아함'이라는 단어가 실종된 이 시대에 진정한 우아함은 배려와 절제 같은 성숙한 태도에서 비롯된다는 사실을 일깨워준다. 나는 한 단계 더 나아간 것 같은 기분이 들 때마다 오드리 헵번을 떠올리며 마음을 다잡는다. 그녀처럼 아름답고 우아하게 나이 들고 싶다고 되뇐다.

문숙

아름다운 표정의 주름과 날렵한 턱선, 군살 없는 몸매를 유지하고 있는 69세의 여배우 문숙. 나는 배우로서의 그녀는 잘 모른다. 유튜브에서 자연 건강식 요리법을 찾다가 〈하루하루 문숙〉이라는 채널을 발견했다. 그녀에게서 젊은 사람은 따라갈 수 없는 오라와 아름다움이 전해졌다. 젊음의 미는 타고난 것이지만 나이 든 사람의 미는 노력의 결과다. 문숙이라는 배우가 낯설었던 나는 젊은 시절 그녀의 모습을 찾아보고 이국적이고 다소 깍쟁이 같은 과거의 문숙보다 온화한 미소와 은은한 향기로움이 느껴지는 현재의 문숙이 더 아름답다고 느꼈다.

영국의 팝 아티스트 스팅이 그렇다. 나는 스팅의 노래를 무척 좋아했지만 젊은 시절 강해 보이기만 했던 그의 인상이 마음에 들지 않았다. 그런데 완벽한 음향과 화려한 조명을 갖춘 무대가 아닌 거리에서 자유롭게 대중과 교감하며 노래를 부르는 60대 스팅의 모습을 보고 나도 모르게 "이렇게 멋지게 나이가 들다니!"라고 외치며 찬사를 보냈다.

젊은 시절의 풋풋한 외모는 모든 것을 덮어준다. 그러나 나이 들었을 때의 외모는 모든 것을 드러낸다. 문숙과 스팅의 외모는 그냥 얻은 것이 아니라 건강한 생활 습관과 삶에 대한 태도, 꾸준한 노력과 절제의 결과다. 그것은 타고나는 것이 아니라 스스로 획득하는 것이다. 문숙은 현재 배우이자 자연 치유 전문가, 요가 지도자이며 화가다. 스트레스에 시달리는 현대인을 위한 강의와 치유 요가를 통해 순리에 따른 삶이 아름답다는 사실을 알리고 있다. 짐작했던 대로 그녀는 오랫동안 철저하게 자신에 대해 묻고 삶의 진리를 탐구해왔다. 삶의 진정한 가치를 깨달은 어른은 한결같이 자유롭고 행복하다. 나 역시 그렇게 자유롭고 행복한 어른이 되고 싶다.

옆자리의 든든한 어른들

앞에서 언급한 사람들 외에도 좀 더 가까운 곳에서 친분을 나누는 든든한 어른들도 있다. 롤 모델을 찾기 어렵다고 한탄하던 때도 있었지만 지금은 닮고 싶은 어른이 자꾸 늘어가고 있다. 인생의 롤 모델을 하나둘 발견해나가는 기쁨이 매우 크다. 예전의 나는 왜 롤 모델을 찾지 못해 힘들어했을까? 혹시 내가 만든 완벽한 틀에서 조금만 벗어나도 존경의 대상에서 제외했기 때문은 아닐까? 불완전한 내 모습과 함께 타인의 불완전함을 인정하는 순간 가까이에서 롤 모델을 발견하는 기쁨을 누릴 수 있다. 관심도 갖지 않은 채 세상만 탓하던 과거의 내 모습이 부끄럽다.

주변을 유심히 살피면 누구에게나 닮고 싶은 점 하나쯤은 있다는 사실을 깨닫게 된다. 그렇게 닮고 싶은 롤 모델이 많아질수록 삶은 더 풍요로워진다. 그들의 존재는 중요한 선택의 순간에 좀 더 책임감 있고 아름다운 길로 발을 내디딜수 있게 도와준다. 이런 롤 모델을 끊임없이 발견하며 다른 사람들과 공유하고 싶다. 그리고 나 역시 누군가에게 그런 존재가 되고 싶다는 생각을 해본다. 존경할 만한 선배, 닮고 싶은 친구, 멋있는 이웃이 되기 위해 계속 노력할 것이다.

3

버려내는 삶에서
일궈내는 삶으로

가꾸기

: 외면과 내면의 조화 이루기

멋지게 나이 든다는 것

36년 만에 돌아온 영화 〈탑건〉 속편이 최근 큰 화제였다. 더욱 스펙터클해진 데다 감동까지 주는 스토리도 놀라웠지만 영화를 압도한 것은 단연 61세인 톰 크루즈의 외모였다. 그는 세월과 중력을 이겨낸 자기 관리의 끝판왕이었다. 예순 살이 넘은 나이에도 젊은 시절과 비교해 손색없는 외모에 오라까지 더해져 빛이 났다. 그의 외모는 단순히 외피에 불과한 것이 아니라 배우로서 프로페셔널한 정신의 발로임을 알기에 사람들은 톰 크루즈에게 환호를 넘어 감동의 박수를 보낸다.

국민 배우 윤여정 선생님이 아카데미 시상식에서 입은 드레스를 기억할 것이다. 섹시하지도, 화려하지도 않지만 그녀만의 존재감을 드러내는 심플한 블랙 드레스였다. 그 드레스는 주눅들거나 오버하지 않는 74세 여배우의 단단한 멘탈을 그대로 보여주었고 미국 〈보그〉가 선정한 아카데미 베스트 드레서에 당당히 이름을 올렸다. 그녀는 출국하기 전부터 온갖 브랜드에서 의상 협찬 제안을 받았지만 "나는 공주가 아니다"라며 단호히 거부했다고 한다. 그녀가 최신 명품 드레스를 입고 값비싼 액세서리로 치장한 채 무대에 올랐다면 더욱 빛이 났을까? 단연코 아닐 것이라 확신한다.

또 한 명, 대한민국 최초의 패션 디자이너 노라노 선생님을 처음 뵌 날 느낀 감동은 아직도 마음속에서 지워지지 않는다. 모교 언론인 신년 모임에 선생님의 특별 강연이 준비되어 있었다. 둥근 테이블에 10여 명씩 앉아 강연을 듣고 대화를 나누는 형식이었다. 그 자리에는 기자, 아나운서, PD 등 언론계의 내로라하는 전문가가 총출동했다. 그런데 입구에서 키가 크고 늘씬한 여성이 들어서며 모두의 시선을 사로잡았다. 꽤 먼 거리였음에도 그녀의 블랙 롱 원피스, 볼드한 금색 팔찌와 장신구, 꼿꼿한 걸음걸이가 강렬한 카리스마를 내뿜는 것이 느껴졌다. 그런 포스는 아무에게서나 나오는 게 아니었다. 영화 〈악마는 프라다를 입는다〉의 메릴 스트립이 걸어 들어오는 것 같았다고나 할까. 실내가 잠시 웅성이더니 "노라노 선생님이다!" 하는 소리가 들렸다. '아! 저분이 노라노 선생님? 50대 남짓 되어 보이는 저분이 75세인 노라노 선생님이라고?' 그때 알았다. 자세와 걸음걸이에 그 사람의 진짜 나이가 반영되어 있다는 것을….

톰 크루즈, 윤여정, 노라노, 세 사람에게는 내면과 외면의 조화를 통해 멋이 드러난다는 공통점이 존재한다. 젊은 시절의 외모는 타고난 것에 좌우되지만 나이가 들면 외모는 전적으로 노력의 결과물이다. 그렇다면 어떻게 해야 멋지게 나이 들 수 있을까?

주름에 관대하고 군살에 엄격하라

나이가 들면 외모에 자연스레 변화가 생긴다. 흰머리, 주름, 불룩 나온 배와 구부정한 자세. 이러한 변화를 반기는 사람은 없을 것이다. 요즘은 젊은 여성의 전유물이던 성형외과, 피부과에 노화와 전쟁을 치르는 중년 남녀가 넘쳐난다. 간단한 시술만으로 5년 정도의 세월은 쉽게 극복할 수 있다는 광고도 자주 접한다. 문제는 지나치게 젊음에 집착해 주름 하나도 허용하지 않으려는 사회 풍조다.

젊음이 아름다운 것은 주름이 없기 때문이 아니라 풋풋한 생명력 때문이다. 살아 있는 것은 촉촉하고 부드럽다. 주름하나 없는 팽팽한 얼굴이라도 경직되고 뻣뻣하면 우리는 젊다고 느끼는 것이 아니라 이상하다고 여긴다. 젊음을 흉내 낸 생명력 없는 얼굴을 '멋있게 나이 들었다'고 표현하지 않는다. 그러니 다리미질하듯 주름을 모두 펴려 하기보다 적당히 관리하되 사나운 표정의 주름이 생기지 않도록 표정에 더욱 신경 써야 한다. 주름이 있어도 턱선이 날렵하면 멋스럽다. 배우조지 클루니를 떠올리면 쉽게 이해가 될 것이다. 그는 흰머리에 주름도 많지만 턱선은 날렵하다. 그가 멋지게 나이 들어 보이게 해주는 포인트 중 하나다. 즉 주름보다는 군살이 문제인 것이다.

　우리나라 사람들은 주름에 엄격한 데 비해 뱃살에는 지나치게 너그러운 편이다. 나이 들면 살이 좀 있어야 보기 좋다고 할 정도다. 나는 이것을 고쳐 말하고 싶다. 나이 들면 살이 아닌 '근육'을 키워야 한다고 말이다. 톰 크루즈가 36년의 시차를 극복하고 여전히 매력적으로 보인 것은 군살 없는 몸매 덕분이다. 젊은 시절보다 더 근육을 발달시켜 남성미를 과시한다. 모든 사람이 톰 크루즈 같은 근육질이 되기는 어렵다 해도 뱃살이 나오는 순간 멋은 포기해야 한다. 쉰 살을 넘긴 사람이 허리가 날씬하고 배가 불룩하지 않다면 자기 관리를 위해 엄청난 노력을 하고 있다는 증거다.
　노라노 선생님은 매일 아침 6시에 일어나 한 시간 이상 산책하고, 열 가지 이상의 채소와 곡류 위주로 아침 식사를 하고, 저녁 6시 이후에는 아무것도 먹지 않는다고 한다. 쉰 살에 건강 문제로 죽을 고비를 넘긴 후 살기 위해 시작한 습관을 지금까지 유지하는 거라고 했다. 순간 선생님과 처음 만났을 때 본 유난히 꼿꼿하고 날씬한 허리와 일자 걸음걸이가 이해되었다. 허리 라인만 살아 있어도 어떤 옷이든 멋지게 소화할 수 있다. 중년을 넘기면 아무리 운동을 해도 식이를 조절하지 하지 않으면 뱃살을 뺄 수 없다. 따라서 당당하게 나를 내보이고 싶다면 반드시 건강한 식습관을 실천해야 한다.

TPO에 나이는 없다

TPO는 일본식 패션 용어로 '시간(Time)' '장소(Place)' '상황(Occasion)'에 맞게 옷을 입으라는 뜻이다. 물론 요즘은 그 격식을 깨는 것이 소위 '힙한' 것으로 인식되기도 한다. 하지만 그렇다고 장례식에 빨간 옷을 입거나 결혼식에 상복을 입고 가는 것을 힙하다고 하지는 않는다. 격식을 깨는 것도 잘 들여다보면 상황의 본질을 파악하고 지나친 형식주의에 도전할 때 비로소 힙한 것이 된다.

패션모델이자 가수였던 카를라 브루니가 프랑스 사르코지 전 대통령의 부인이 될 때 많은 사람들의 관심이 쏠렸다. 그녀는 평소 몸에 달라붙는 뱀 가죽 바지, 그물 미니스커트 등도 멋지게 소화하는 인기 모델이었기 때문이다. 많은 사람이 기존과 다른 톡톡 튀는 영부인 스타일을 보게 될 거라고 짐작했다. 그러나 예상과 달리 영부인이 된 후 그녀는 매우 절제되고 품위 넘치는 의상을 입었다. 그녀는 TPO에 맞도록 '영부인 패션'을 완벽히 구현한 '찐' 모델이었던 것이다.

여기서 한 가지 짚고 싶은 것은 TPO에 나이가 없다는 점이다. 나이 들면 점잖게 입어야 한다는 패션 공식 같은 건 없다. 미국을 대표하는 앵커 바버라 월터스는 세계적인 토크쇼 〈래리 킹 라이브〉에 출연할 당시 청바지에 흰 티셔츠를 입었다. 정장을 차려입은 그녀의 모습에 익숙했던 시청자들은 신선한 모습에 아낌없는 환호성과 박수를 보냈다. 당시 그녀의 나이는 80세에 가까웠다. 청바지에 흰 티셔츠는 쉬우면서도 어려운 옷차림이다. 바버라 월터스가 이런 옷을 택한 데는 두 가지 의미가 있지 않을까?

'앵커의 옷을 벗고 나 자신의 내면을 솔직히 드러내는 인터뷰를 하겠다.' '나는 청바지에 흰 티셔츠를 멋지게 소화할 만큼 자기 관리가 잘된 사람이다.'

이렇듯 한 사람이 입는 옷은 자신을 드러내는 비언어적 표현이다.

옷을 잘 입는 데는 많은 옷이 필요하지 않다. 옷을 잘 입는다는 것은 다양한 옷을 입는다는 것이 아니라 자신에게 어울리는 옷을 입고, 잘 어울리지 않는 옷은 절대 입지 않는 것이다. 자신이 TPO에 따른 옷을 갖추고 있는지 옷장을 열어 확인해보자. 잘 때, 집에서 생활할 때, 산책 나갈 때, 등산할 때, 손님 맞을 때, 친구 만날 때, 업무상 미팅할 때, 여행 갈 때 등 상황에 맞춰 옷과 양말, 소품을 정리해보자. 옷이 없다는 것은 옷의 종류와 숫자가 부족하다는 게 아니라 상황에 맞춰 입지 못한다는 의미다. 이렇게 새로운 마음으로 옷장을 정리하다 보면 넘치는 부분과 부족한 부분이 있을 것이다. 넘치는 곳에는 몇 년째 자리만 차지하는 옷이 있다. 과감히 버리자. 부족한 섹션은 기본을 보충하자. 이렇게 옷장을 정리하면 거

어른 연습

울 앞에 머무는 시간이 짧아진다. 멋 내기는 옷장을 잘 정리하는 것에서 시작된다는 사실을 잊지 말자.

화려함보다 조화로움을

옷을 잘 입는 것을 명품을 걸치거나 유행에 따라 입는 것으로 착각하는 경우가 많다. 분명한 사실은 내 욕망을 표출하는 것과 멋스럽게 소화하는 것은 확연히 다르다는 점이다. 절제와 순화 없이 화려함, 브랜드, 가격으로 욕망을 드러내는 사람은 성숙한 어른이 아니다. 멋진 패션은 내면과 외면의 조화에서 비롯되며 절제와 과감함의 강약을 조절하는 것이 중요하다.

과거에는 외출한다고 하면 어떤 옷을 입든 반지, 목걸이, 귀걸이로 한껏 치장해야 했다. 특히 동창회라도 나갈 때면 보석 크기를 가장 중요하게 생각했다. 얼마 전 한 행사에서 A와 마주쳤는데 아니나 다를까 보석 알이 커다란 반지, 목걸이,

귀걸이 3종 세트에 반짝이 장식이 가득한 니트 차림이었다. 이러한 화려한 스타일은 멋스럽기보다 촌스럽다. 시대정신이나 흐름에 맞지 않기 때문이다. 옷이 신분을 드러내던 시대에는 왕이나 귀족만 옷에 사용할 수 있는 색이 있었고, 장신구도 신분에 따라 제한되었다. 신분이 높은 사람을 따라 하는 것이 패션이었으니 보석이 중요한 요소가 되었던 듯하다.

요즘도 백화점에서는 명품 시계를 구입하기 위해 밤샘 줄 서기를 한다고 한다. 그런데 한편으로는 새로운 흐름이 있다. 엄청난 재력가이면서도 청바지에 티셔츠를 입는 실리콘밸리 벤처 부자들이 명품 시계 대신 스마트 워치를 차기 시작한 것이다. 그래서인지 스마트 워치를 차는 사람이 힙해 보인다. 이제 시계는 단순히 시간을 알려주는 기능을 넘어 건강, 업무, 약속, 휴식까지 관리한다. 실용성을 중요하게 여기는 사람들이 스마트 워치를 차겠지만 거기에 '나는 유능하고 앞서가는 사람'이라는 메시지가 담겨 있는 것은 아닐까. 장신구는 패션을 완성하는 데 중요한 역할을 하는 요소다. 그러나 자기 과시를 위해 보석 크기에 연연하는 것은 멋스러움과는 거리가 멀다. 사치스러운 치장에 집착한다는 것은 내면이 공허하다는 뜻일지도 모른다.

톰 크루즈, 윤여정, 노라노, 카를라 브루니의 멋은 단지 타고난 외모에서 나오는 게 아니라는 사실에 동의한다면 어른의 멋은 부단한 노력으로 획득하는 것임을 인정할 것이다. 멋있는 어른은 청춘보다 더 영롱하게 빛난다는 사실을 잊지 말자.

소비하기

: 진정한 가치를 알아보는 눈

나만의 '럭셔리'를 찾아서

퇴사 후 새롭게 펼쳐질 인생을 위해 평창동에 집을 짓겠다고 하자 의아해하는 사람이 많았다. 왜 생활이 편리할 뿐만 아니라 투자가치가 높은 강남 아파트로 가지 않는가, 집 한번 지으면 10년은 늙는다는데 왜 사서 고생하려 하는가.

한마디로 대답하자면 '럭셔리'보다 '풍요로움'을 선택했기 때문이다. 아니, 사실은 풍요로움이야말로 진정한 럭셔리라고 생각하기 때문이다. 서울 도심에서 매일 아침 백두대간만큼이나 웅장한 북한산의 산세를 바라보고, 뻥 뚫린 하늘과 별을 바라보고, 신선한 숲 향기와 지저귀는 새소리를 즐기고,

정원에서 계절마다 다른 나무와 꽃을 가꿀 수 있는 삶. 또 가족의 라이프 스타일에 최적화된 집이야말로 가장 럭셔리한 삶이라고 생각했기 때문이다.

　　나에게 행복을 주는 가치는 시장가격과는 다르다. 1만 원짜리는 1만 원어치의 기쁨을 주고, 100만 원짜리는 100만 원어치의 기쁨을 주는 것이 아니다. 제품이나 서비스가 얼마인지는 시장에서 결정되지만 그 제품이나 서비스가 삶에 주는 가치가 얼마인지는 저마다의 기준으로 정해야 한다. 그렇지 않으면 다른 이의 삶을 욕망하느라 내 삶에서 충만함을 누리기 어렵다. 내가 좋아하는 취미, 추억이 깃든 물건, 높은 안목으로 고른 예술품, 공정 무역 상품이나 공정한 가치를 치른 물건, 사랑하는 사람과의 여행 등은 가격 이상의 가치를 지녔다. "그래서 얼마짜린데?" 하며 시장가격만 중요시하는 사람은 진짜 럭셔리를 모른다. 특히 사회에 나오며 인생 2막을 맞이한 이후 퇴사해서 또 다른 삶이 펼쳐지는 인생 3막을 앞둔 어른은 돈의 본질 가치가 0임을 잊어서는 안 된다. 돈은 가치 있는 것과 교환할 때 비로소 돈으로서 가치가 생기는 것이다. 그러니 각자에 맞는 가치를 만나기 전까지는 그저 종이

쪼가리이자 쇠붙이에 불과하다는 사실을 염두에 두어야 한다. 돈 자체가 목적이 되어 그저 쌓기에 급급한 것이야말로 어리석은 행동이다.

우리는 돈뿐만이 아니라 본질 가치와 관계없는 사회적 가치에 호도되는 경우가 많다. 유발 하라리가 《사피엔스》에서 지적했듯, 우리를 조종하는 사회적 가치는 결국 허구에 기반한 약속이라는 점, 사회의 변화에 따라 가치가 변한다는 점을 인지해야 한다. 그런 인식을 할 때 비로소 자신만의 변하지 않는 본질적 가치를 의식하고 진짜 행복을 놓치지 않는 선택을 통해 풍요로운 삶을 누릴 수 있다.

삶을 책임지기 위한 경제 공부

도스토옙스키는 "화폐는 주조된 자유다"라고 말했다. 인생 3막에서 자유를 누리기 위해서는 돈이 필요하다는 것을 부인할 사람은 없을 것이다. 결코 돈이 중요하지 않다고 말하는 것이 아니다. 자본주의사회에서 자산을 축적하고 관리하는 것은 생존과 직결된다. 특히 평균수명이 길어진 요즘, 노후에 경제적으로 자립하는 것은 자녀 세대에 대한 최고의 예의다. 노후에 자녀에게 기대지 않으려면 기본적으로 경제 개념을 이해하고, 재테크 공부를 하고, 소비 습관을 개선하는 등 노력을 기울여야 한다. 돈에 삶의 주도권을 빼앗기지 않기 위해서라도 경제 공부는 필수다. 나 역시 매일 경제 뉴스를 챙겨 보고 자본시장을 들여다보며 부동산 추이에 관심을 둔다. 그러나 욕심을 부려 돈을 벌려고 하지는 않는다. 허무한 욕망의 전차에 올라타지 않고 내 삶을 행복으로 채울 본질 가치를 고려한 선택을 하려고 노력한다.

성숙하고 아름다운 소비

돈은 어떻게 버느냐, 얼마를 가졌느냐 못지않게 어디에 어떻게 쓰느냐가 중요하다. 보여주고 생색을 내기 위한 소비, 분수에 맞지 않는 과소비, 지나치게 인색한 소비, 덩달아 하는 소비 등은 본인이 미성숙하다는 사실을 드러낼 뿐이다.

되도록 자신은 물론 다른 사람에게도 충분한 만족감을 주면서 사회에 순기능을 하는 소비를 하면 좋겠다. 나에게 충실한 동시에 나눔을 실천하는 소비는 나에게도 남에게도 '남는' 소비가 된다. 그것이 바로 '좋은 소비'다. 어른이란 좋은 소비를 할 줄 아는 사람이다. 좋은 소비는 나뿐 아니라 공동체를 행복하게 한다. 신중한 소비는 크게 보면 우리의 미래를 위한 한 걸음이 될 수 있다. 과잉생산과 소비에 따른 여러 문제, 즉 환경문제나 경제문제를 완화하기 때문이다. 지금부터 나의 행복은 물론 공동체의 행복을 키워갈 아름다운 소비를 하자.

비우기

: 내일을 기대할 수 있는 마음의 공간

방송국이라는 일터를 중심으로 살아가다 보니 아침 9시에 출근해 저녁 6시에 퇴근하는 일상이 불가능했다. 매일 밤 생방송을 진행하던 시절에는 퇴근 인사가 "집에 다녀오겠습니다"였을 정도다. 잠시 들르는 집은 그저 잠자는 숙소였다. 직장에서 최우선 과제는 '육아에 찌든 아줌마' 티를 내지 않는 것이었고, 집에서는 '일하는 엄마' 티를 내지 않고 아이를 챙기는 것이었다. 그러다 보니 내 몸과 마음은 어디에서도 온전히 쉬지 못해 삶이 정신없이 흘러갔다. 그렇게 일을 삶의 중심에 두며 살아가다가 어느 순간 일은 삶의 한 부분일 뿐이라는 생각이 들었다. 그러자 내게 필요한 것과 내가 누릴 수 있는 시간이 선명히 보였다. 숙소에 불과하다고 여기던 집도 다르게 느껴졌다. 나를 돌보는 공간이라는 생각이 든 것이다. 특히 퇴직하고 나서는 집 안에 '나만의 공간'이 절실하게 필요하다는 사실을 깨달았다. 집을 일터와 쉼터 모두로 삼아야 했기 때문이다.

　나름 세 식구에 최적화된 아파트에서 내 공간을 따로 마련하는 데는 과감한 결단이 필요했다. 나만의 공간으로 선택한 곳이 우리 집에서 가장 넓은 안방이었기 때문이다. 안방은 취침 외의 용도로는 사용하지 않았기 때문에 침대만 있으면 되는 공간이었다. 남편과 내 옷을 수납하던 방을 비워 침대를 그곳으로 옮겼다. 입지 않고 쌓여만 있던 옷가지뿐 아니라 쓸모보다 미련 때문에 '짊어지고' 있던 물건, 먼지 앉은 운동기구와 안마 의자 등을 싹 정리해버렸다. 침대가 사라져 운동장처럼 탁 트인 안방을 바라보다 뒤늦게 깨달았다. 지금껏 이 방의 주인은 내가 아니었다는 것을. 온갖 잡다한 물건은 나를 행복하게 해주는 게 아니라 내 돈과 시간, 에너지를 빼앗아가며 은근한 스트레스를 안겨주고 있었다는 사실을. 나만의 공간에 마음에 쏙 드는 책상과 의자를 들이자 새로운 의욕과 행복감이 차올랐다. 그렇게 나는 처음으로 오로지 나만을 위한 공간을 갖게 되었다.

　내가 이런 변화를 결심하는 데 도움을 준 멘토는 정리의 여왕 곤도 마리에와 창조성의 전도사 줄리아 카메론이었다. 곤도 마리에는 자신의 책《인생이 빛나는 정리의 마법》을 통해 '정리'가 삶의 질을 좌우하는 중요한 부분임을 깨닫게 해주었다. 세계적인 베스트셀러가 된 그 책을 통해 정리법을 알게 되었지만 '정리'라는 사소한 행동이 마음과 정신을 고양할 수 있다는 사실에 더 놀랐다. 정리되지 않은 채 쌓여 있는 물건은 방뿐 아니라 마음도 어지럽힌다. 그녀의 책을 읽지 않았다면 이렇게 과감한 정리는 엄두도 내지 못했을 것이다. 줄리아 카메론은《아티스트 웨이》에서 창조성을 키우는 방법은 물론 나만의 공간과 시간을 확보하는 법을 알려주었다.
　내가 어른의 비움과 채움에 대해 전하고 싶은 건 물건을 버리라거나 쇼핑을 덜 하자는 등의 이야기가 아니다. 무소유의 삶을 권하기 위한 것도 아니다. 곤도 마리에는 비우는 방법을 알려줬지만 나는 정리 정돈의 기술을 통해 미니멀리즘이 아닌 풍요로움에 이르는 길을 깨달았다. 그래서 행복하고 후회 없는 삶을 살기 위해 인생에 뭘 더하고 빼야 할지 정하는 법, 즉 보다 본질적인 이야기를 하려 한다.

내 것은 비우고 우리 것을 채우다

내 삶의 방향을 정하는 데 큰 영향을 준 인물이 있다. 그 주인공은 전 서울대학교 독문학과 교수 전영애 씨로, 올해로 72세인 그녀는 세계적인 괴테 석학이자 '여백서원'의 주인장이다. "이제는 나눠야 할 때"라고 말하는 그녀는 모두가 함께할 수 있는 공간인 여백서원을 만든 후 그곳을 수만 권의 책과 나무로 가득 채웠다. 사람들은 그곳에서 숲을 거닐고 책을 읽으며 마음을 치유한다. 하지만 정작 그녀는 철마다 두세 벌의 옷, 오이와 고추 몇 개로 차린 밥상, 그리고 한 칸짜리 잠자리만 소유하며 매우 소박한 일상을 살고 있다. 그녀는 비움과 채움에 확실한 기준을 둔 삶을 통해 내 것은 비우고 우리 것은 채우는 법을 몸소 보여주고 있다.

전영애 선생님을 보며 나도 내게 맞는 비움과 채움을 실천하고 싶다고 생각했다. 나만을 위한 것은 비워가고 공동의 유산이 될 수 있는 것을 채워가고 싶다. 나이가 들수록 제아무리 비싼 물건이라도 혼자만의 것은 의미가 없다는 걸 알게 된다. 물건으로 공간을 채우는 행위가 허무하다는 것도. 물건은 결코 나의 가치를 대변하지 않으며, 많이 쌓아둘수록 행복해지는 것도 아니다. 나는 '언젠가 내가 삶을 마친 후 쓰레기가 될 만한 건 최대한 들이지 말아야겠다'고 다짐했다. 앞으로도 수많은 물건을 사고, 사용하고, 버리겠지만 가능한 한 오래 쓰고 간직할 수 있는 것을 들이려 노력할 것이다. 그러다 나중엔 결국 '모두의 것이 될 수 있는 것'을 중심으로 삶을 채우고 싶다. 그렇다면 내가 남겨두어야 할 모두의 유산은 무엇일까?

마음의 공간 넓혀가기

고민 끝에 '뭘 비우고 뭘 채울지' 알기 위해서는 스스로를 제대로 알아야 한다는 결론에 도달했다. 어른이라면 주체적인 인격체로서 스스로를 이해할 수 있어야 한다. "나는 무엇을 할 때 행복한 사람이지?", "나는 소유물을 어느 정도 갖고 있는 사람이지?", "내가 세상과 나눌 수 있는 것은 무엇이지?"라고 끝없이 물으며 답을 찾아가야 한다. 내 삶에서 무엇을 넣고 뺄지는 나 자신이 결정하는 것이다. 내게 더 좋은 것, 더 중요한 것을 위해 자리를 만들고 그곳을 채워야 한다.

나라는 사람의 절대적인 크기가 무한정 커질 수 있다면 좋겠지만, 한 인간의 그릇은 유한하다. 따라서 무언가를 비워야 새로운 것이 들어올 공간이 생긴다. 마음에도 숨 쉴 틈을 주고, 새로운 것을 들일 공간을 만들어야 한다. 누군가와 친해지는 과정도 그렇다. 딸이 초등학생일 때 전학 간 학교에서 친구가 없어 쉬는 시간에 책만 읽는다는 얘기를 한 적이 있었다. 사실은 책을 들고 있을 뿐 누군가 와서 말 걸어주길 기다린 것이다. 나는 딸에게 이렇게 조언해줬다.

"책을 덮고 그냥 있어봐. 네가 책만 읽고 있으면 친구들은 네게 다가갈 틈을 찾지 못할 거야. 빈틈을 보여주면 친구들이 더 쉽게 다가올 수 있지 않을까?"

　무의미한 관계를 비우고 내 곁을 울림과 떨림을 주는 사람으로 채우는 것 역시 그런 일이다. 먼저 비우고 내 공간을 새로이 하면, 그 공간에 맞는 사람이 들어온다. 그렇기에 누군가와 관계가 단절되는 것을 두려워할 필요 없다. 비움은 끝이 아니기 때문이다. 채워질 것에 대한 희망과 기대, 꿈이 있기에 기쁜 마음으로 나누고 비울 수 있다. 내 안에 공간을 만들고 더 좋은 것으로 채워나갈 수 있다. 언제든 나쁜 습관 대신 좋은 습관을 기를 수 있으며, 소중한 것을 깨닫고 거기에 집중할 수 있다. 비우고 채우고, 넘어지고 일어서며 점점 더 괜찮은 내가 될 수 있다.

　그렇게 성장하는 어른은 끊임없이 스스로를 깨고 새로운 나를 구축해간다. 비움도 채움도 없이 한곳에 머무르는 삶은 편안할지 몰라도 내가 원하는 모습은 아니다. 나는 점점 더 성장해가는 내가 좋다.

말하기

: 기술이 아닌 마음으로 다가갈 것

말을 잘해야 하는 직업인인 만큼 아나운서에게는 뭔가 특별한 말하기 비법이 있을 거라고 생각하는 사람이 많다. 그러다 보니 아나운서가 운영하는 스피치 학원이나 강좌에는 아나운서 지망생뿐 아니라 기자, PD, 정치인, 기업 임원 등 여러 사람 앞에서 말할 일이 많은 사람이 문을 두드린다. 그런데 스피치를 잘하는 사람이 '말'을 잘하는 사람일까? 꼭 그렇지는 않다.

'스피치'는 오랫동안 사례가 축적된 분야이기도 한 만큼 배우고 익히면 한결 나아질 수 있다. 하지만 소위 전문가에게 배우는 '기술'은 기본기에 해당할 뿐 결국 좋은 스피치는 좋은 생각과 마음, 지식 등 '내면의 힘'에서 나온다. 언변만 화려해서는 말을 잘한다고 할 수 없다. 말을 잘한다는 것은 말로 상대방의 마음을 여는 것이다. 입담은 수려한데 상대방의 마음을 열지 못한다면 말을 잘했다고 할 수 없다. 그런 의미에서 말을 잘하는 첫 번째 요령은 잘 듣는 것이고, 두 번째는 상대방이 원하는 적절한 표현으로 반응하는 것이고, 끝으로 상대방 입장이 되어 공감하는 것이다. 이 규칙을 실생활에 그대로 적용하면 말로 천 냥 빚을 갚는 사람이 된다.

잘 듣기: 말이 많아지는 것을 경계하자

대화는 잘 듣는 데서 시작된다. 말을 잘하기 위해서 입이 아닌 귀를 사용해야 한다는 것은 아이러니하지만 가장 중요한 첫 번째 원칙이다. 어찌 보면 듣는다는 것은 상대방의 말이 흘러가도록 내버려두는 것에 불과할지 모른다. 하지만 잘 듣는 것만으로도 잘 말하는 사람이 될 수 있다. 집중하는 자세로 눈을 반짝이며 상대방의 말을 듣는다면, 그는 대화를 마친 후 '그 사람과는 말이 잘 통해'라고 생각하게 된다.

어른 연습

한창 전성기를 구가하던 시절 이어령 선생과 있었던 에피소드가 기억난다. 당시 선생은 《디지로그》라는 신간을 내고 디지털 문명이 빠르게 발달하고 있지만 아날로그적인 것은 사라지지 않으며 오히려 디지로그 시대가 도래할 것이라고 진단하며 2006년 새해의 화두를 던졌다. 병술년 설 특집에서 나는 선생과의 단독 대담자로 나서는 과분한 행운을 얻었고, 진행 능력을 최대한 발휘하기 위해 단단히 준비했다. 그런데 그게 문제였다. 선생의 귀한 말씀을 어떻게 하면 잘 들을까보다 어떻게 질문하고 어떻게 대응할까에 온통 집중했기 때문이다.

녹화 당일 이어령 선생의 말씀은 꼬리에 꼬리를 물고 이어졌다. 방송 특성상 정해진 시간에 제작진이 미리 준비한 큐시트의 흐름대로 이끌어가야 하는 진행자의 역할까지 더해져 나는 선생의 말꼬리를 자르고 주제를 억지로 돌리는 등 진행 능력을 발휘하려 애썼다. 그러나 상대방은 이어령 선생 아닌가. 해야 할 이야기가 넘쳐나는 세계적인 석학의 다리를 잘라 작은 침대에 맞추려 한 내 어리석은 욕심 때문에 본의 아니게 이어령 선생과 기 싸움을 한 셈이 되었다. 그날 우리는 방송 분량보다 훨씬 많은 양의 대담을 한 후에야 녹화를 간신히 끝낼 수 있었다.

방송이 끝난 후 뒤풀이 자리에서 이어령 선생은 타 방송에서 만난 진행자를 칭찬했다. 다른 방송국에서도 디지로그를 화두로 대담 프로그램을 녹화했는데 사회를 맡은 여교수가 진행을 참 잘하더라는 것이었다. 내용을 파악해보니 당신의 이야기를 끊지 않고 묵묵히 잘 들었다는 것이다. 나에게 해주고 싶은 이야기를 넌지시 전하신 게 아닌가 싶다. 어떻게든 선생과 대등한 지적 대담을 해보고자 했던 나는 그 말씀에서 깨닫는 바가 컸다. 그리고 그날 흘린 진땀은 두고두고 뼈아픈 교훈이 되었다.

잘 듣는 것의 다른 원칙은 말을 많이 하지 않는 것이다. 나이 들수록 말이 많아지는 경향이 있는데 경험으로 체득한 삶의 지혜가 많기 때문일 것이다. 대화할 때 눈치 볼 사람이 없어지는 것도 한몫한다. 말의 가치는 내가 결정하는 것이 아니라 듣는 사람이 결정한다. 내게는 아무리 값진 경험이라도 상대방에게는 '꼰대'의 잔소리가 될 수 있음을 명심해야 한다.

나보다 경험이 적은 상대방에게 도움을 주겠다는 좋은 의도도 깔끔히 접어두자. 조언은 듣는 사람이 청할 때 해주는 것이다. 특히 요즘처럼 변화가 빠른 시대에는 어제의 경험이 오늘은 무용지물이 되는 경우가 많다. 오히려 젊은 세대의 말을 귀담아듣고 지속적으로 스스로를 업데이트해야 한다. 결국 잘 듣고 상대방이 듣고 싶은 적합한 말을 적절한 길이로 말하는 능력이 있다면 말을 잘할 수 있는 조건을 갖춘 셈이다. 상대방을 존중하는 태도가 우선, 그다음이 언변이다.

잘 표현하기: 말은 존중을 담는 그릇이다

말 한마디로 천 냥 빚을 갚을 수 있다면 천 냥 빚을 질 수도 있다. 직장 상사 중 방송 언변은 뛰어났지만 실생활에서는 후배에게 아무렇지 않게 막말을 하거나 조롱하는 투의 화법을 구사하는 사람이 있었다. 후배에게 가르쳐주려는 의도로 좋게 해석한다 해도 그 말은 상대방에게 깊은 상처를 남겼다. 상처를 주는 말은 아무 효과도 발휘할 수 없을 뿐만 아니라 마음의 문을 닫게 만들고 관계를 해친다. 속에 있는 말을 숨기지 않는 '솔직한 사람'이라는 자기 고백은 어른이 할 수 있는 자랑은 아니다.

보통 상대방이 듣고 싶은 말은 '솔직한 언어'가 아니라 '공감의 언어'다. 그 솔직한 표현이 비난이 아닌 충고의 말이더라도 마찬가지다. 당신이 좋은 충고를 해줄 수 있을 만큼 똑똑하고 현명하며, 공정한 판단을 내릴 줄 안다 할지라도 다른 이의 인생의 재판관이 되려 해서는 안 된다. 내 눈에 정답으로 보이는 것도 다른 사람에겐 그저 편견으로 느껴질 수 있으며 내 입장에서는 충고라고 여겨지는 말이 상대방에겐 비난일 수 있다.

상대방과의 관계를 나이, 신분, 지위, 성별에 관계없이 인간 대 인간으로 존중한다면 쓰는 표현도 달라질 것이다. 상대방을 존중하는 마음을 담아 말한다면 말로 관계를 그르치는 일은 없을 것이다.

가족의 경우라면 내 판단이 아닌 느낌을 표현하는 것이 좋다. "왜 이렇게 늦게 왔어"보다는 "평소보다 많이 늦으니 걱정했어", "왜 맨날 늦잠을 자!"보다는 "학교에 늦을까 봐 걱정

되네"라고 표현하는 것이다. 어른의 말하기는 이렇게 생각과 느낌을 구분한다면 수월해진다. 어른은 스스로 세상에 대해 좀 안다고 생각하는 경우가 많기 때문에 판단, 평가, 해석의 말을 장황하게 늘어놓기 쉽다. 그런 어른은 십중팔구 '은따'일 확률이 높다. 판단, 평가, 해석하는 말과 존중을 바탕으로 한 말에는 분명 차이가 있다. 그 차이는 대화하는 상대방이 바로 알아차릴 수 있다.

사람의 관계는 말로 시작하고 말로 이어간다. 나이에 관계없이 상대방에 대한 존중의 태도가 있다면, 잘 들을 수 있는 능력을 갖춘다면 말하기의 기본을 습득한 셈이다. 그다음 단계의 고급 기술까지 익히면 말하기 고수가 될 자질을 갖춘 것이다. 덤으로 당신의 모든 관계는 마술처럼 좋아질 것이다. 가족, 친구 사이에서는 물론 직장에서도 말이다.

쓸데없이 말에 날카로운 칼을 장착한 사람들이 있다. 이유 없이 상대방에게 상처를 입히면서 자신이 똑똑하다고 착각한다. 말에는 칼보다 꽃을 장착하자. 진짜 똑똑한 사람은 말로 사람의 마음을 얻는 사람이다.

공감하기: 누구나 감정의 지배를 받는다

어릴 때부터 말하기라면 자신 있었다. 어린 시절에는 동화 구연과 웅변대회를 휩쓸었고, 학창 시절에는 학보사 기자와 방송국 아나운서로 활약했다. 말로라면 상대방이 누구든 이길 자신도 있었다. 직장 생활을 시작하고도 합리적이지 못하다고 느낄 때면 상대방이 상사라 해도 논리적으로 따져 물었다. 나는 논리로 사람을 설득할 수 있다고 믿었고, 상대는 당연히 합리적으로 대응할 줄 알았다. 하지만 그건 착각에 불과했다. 논리적 설득으로 얻어낼 수 있는 것은 아주 작은 성취에 불과했다. 이러한 말하기 기술은 나에 대한 인간적인 평가는 물론 업무 평가에도 영향을 미쳤다. 그러다 한 책에서 눈이 번쩍 뜨이는 문장을 만났다.

'인간이 비이성적인 존재라는 것을 알고 난 후 내 인생은 완전히 달라졌다.'

그 문장에 큰 충격을 받았다. 나는 '인간은 생각하는 갈대'라거나 '보이지 않는 손' 등의 개념을 배우며 인간은 합리적 동물이라는 교육을 받고 자란 세대다. 그런데 사실은 인간이 감정의 지배를 받는 동물이었다니! 새가 알을 깨고 나오는 듯한 깨달음의 순간이었다. 순간 모든 의문의 실타래가 풀리는 듯한 느낌이었다. 직장에서 상사와 관계 맺는 것이 어려웠던 이유와 솔직한 조언을 건넸는데 친구가 도리어 화를 낸 이유, 그리고 상황을 논리적으로 보지 못하는 상대방에게 답답함을 느낀 이유 또한 알게 되었다.

인간이 논리가 아닌 감정의 지배를 받는 존재라는 걸 알고 나서 말을 뭔가 성취하기 위한 도구로 여기는 것이 아니라 상대방에게 다가가기 위한 징검다리로 생각하게 되었다. 그래서 예전처럼 대화를 나눌 때 논리에 맞게 이야기하려 하기보다 상대방의 마음을 가장 우선시했다. 내 말을 들을 상대방의 기분은 어떨지, 그 사람이 진정 듣고 싶은 말은 무엇일지, 지금 상대방은 내게 말하고 싶을지 내 말을 듣고 싶을지. 상대방의 감정을 배려하고 진심으로 공감하고자 하는 마음은 설득과 승리의 기술보다 훨씬 나은 결과를 만들어냈다. 나와 부딪치던 사람들이 우호적으로 바뀌었고, 늘 삐걱거리며 스트레스를 주던 일이 거짓말처럼 술술 풀려나갔다. 바뀐 건

단 하나, 내 말뿐이었다. 상대방의 머리가 아닌 가슴을 향하는 말.

어른의 말하기란 결국 이렇듯 마음의 빗장을 풀게 만드는 일일 것이다. 잘 듣고, 잘 표현하고, 잘 공감하는 것은 모두 마음의 문제다. 이런 말하기 비법은 스피치 학원에서도 가르쳐주지 않는다. 오직 사람의 마음을 들여다보며 연습, 또 연습해보는 것만이 답이다. 오늘 나와 마주치는 사람과의 대화에서 진심 어린 한마디를 더해보는 것은 어떨까? 아, 물론 말하기 전에 충분히 듣는 걸 잊지 말자.

상대의 마음을 닫게 만드는 말하기

_____

_____

_____

"나도 다 해봤는데 그거 안 돼."

"결혼은 언제 하고 애는 언제 낳아?"

"아버지는 뭐 하시는데?"

"집이 어디야?"

"몇 살이야?"

"옷은 왜 그렇게 벗고 다녀?"

"휴가를 꼭 이렇게 바쁠 때 가야 돼?"

"우리 때는 출산휴가도 없었어."

이런 표현을 보면 어떤 생각이 드는가? 일상에서 흔히 들을 수 있는 말이고 특별히 거친 표현도 아니다. 우리는 습관적으로 상대방을 '판단', '평가', '해석'하는 말을 한다. 이는 상대방을 충분히 존중하지 못하는 데서 비롯된 습관이다. 상대방에게 상처를 주는 것이 비판과 욕설만은 아니다. 예로 든 말에는 상대방에 대한 판단, 평가, 해석으로 가득하다. 그럼 이 말을 어떻게 고쳐서 말하면 좋을까? 핵심은 내 판단을 거두고 관찰한 그대로 말하며 상대방이 아닌 나를 주어로 감정이나 느낌을 표현하는 것이다.

개선 방법

"나도 다 해봤는데 그거 안 돼."

→ 내가 안 되었다고 남도 안 될 거라는 근거는 없다. 프로젝트를 주관하는 리더라면 "나도 해봤는데 지금 생각해보니 이런 점이 부족해서 실패했지. 이 부분을 보완할 대안은 가지고 있을까?"라고 다시 한번 우려되는 부분에 대해 들어보고 가부를 결정한다. 프로젝트와 관계없는 선배라면 말을 아끼자. 왈가왈부하기보다 그

저 응원의 말이나 보태면 어떨까?

"결혼은 언제 하고 애는 언제 낳아?", "아버지는 뭐 하시는데?", "집이 어디야?", "몇 살이야?" 등 프라이버시에 해당하는 말은 일단 꺼내지 않는 게 원칙이다. 상대방도 공감할 만한 이유가 있는 것이 아니라면 묻지 않는다.

"휴가를 꼭 이렇게 바쁠 때 가야 돼?"
→ 갈 만하니까 가는 거라고 상대방의 판단을 존중한다면 굳이 하지 않아도 될 말이다. 그냥 "잘 다녀와"라는 한마디만 하면 상대방은 오히려 미안해한다.

"우리 때는 출산휴가도 없었어."
→ 지난 이야기는 할 필요가 없다. 과거는 과거이고 지금은 지금인 것을. 부러워서 내뱉는 사족이거나 내가 힘들었으니 너도 힘들어야 한다는 논리밖엔 안 된다. 출산에 대한 축하가 먼저이고 이어서 이렇게 말한다. "우리 때는 출산휴가도 없었지만 지금은 출산휴가가 있

어 얼마나 다행인지. 아기하고 좋은 시간 보내고 와."

<u>어른의 말과 꼰대의 말</u>

어른처럼 말하고 싶다면 다음의 원칙을 기억하자.

1. 무조건 듣는 시간을 늘려라. 상대방의 이야기에 적절
   한 피드백을 더하면 효과는 두 배가 된다.
2. 상대방의 감정이 상하지 않도록 거절하라.
3. 나이가 어린 사람에게도 '고맙습니다', '미안합니다'라
   는 말을 생략하지 마라.
4. 상대방이 어리다고 반말을 하지 마라. 사회인은 나이
   와 관계없이 일대일 관계라고 전제하라.
5. 식당, 카페 등에서는 내 목소리의 크기를 의식하라.

반면 꼰대는 이렇게 말한다. 평소 내 모습과 비슷한 것은
없는지 생각해보고 좋은 말 습관을 가질 수 있도록 연습해

보자.

1. 때와 장소를 가리지 않고 큰 소리로 말해 주위의 눈살을 찌푸리게 한다.
2. 상대방이 말할 틈을 주지 않고 내 이야기만 한다.
3. 상대방이 나보다 어리다 싶으면 반말을 한다.
4. 상대방은 알지도 못하는 친구, 선배, 과거 이야기를 늘어놓는다.
5. 대화가 아니라 시합인 듯 이기려 들거나 공감을 강요한다.

읽기

: 인생의 보물은 책 속에 있다

나도 책 읽는 사람이 될 수 있을까?

어른에게 독서는 밀린 과제처럼 여겨진다. 누구나 어린 시절에 재미있는 소설 몇 권쯤 읽어본 기억이 있을 것이다. 그러나 본격적으로 입시, 취업, 승진 등 먹고살기 위해 전쟁을 치르다 보면 어느새 독서와 거리가 멀어진다. 책이 좋다는 걸 모르는 사람은 없지만 훨씬 편리하고 중독성 있고 다채로운 콘텐츠에 눈이 먼저 가고 만다. 시간에 쫓기다 보면 어느새 독서는 장벽 높은 고급스러운 취미로 변해 있다. 그러다 노안이 와 글자 읽는 것 자체가 부담스럽고 피곤해진다. 더더욱 책과 담을 쌓게 된다.

나 역시 그랬다. 한창 사회생활을 하던 시기에는 바빠서 책을 잘 읽지 못했다. 읽고 싶은 책을 싸 들고 휴가 기간 내내 콕 틀어박혀 책만 읽었으면 좋겠다고 생각한 적도 있지만 그때뿐이었다. 그런데 나이 쉰 살이 되어 맡은 〈오유경의 인생 책방〉을 통해 어쩔 수 없이 책을 읽는 반강제적인 독서 생활을 하기 시작했다. 매주 다른 이의 인생 책을 읽고 대화를 나눠야 하는 이 프로그램 덕에 나는 3년간 150권에 달하는 책을 읽었다. 평생 사서 읽어볼 일 없었을 만한 책도 여럿 만났다. 그렇게 편식 없이 다양한 책을 읽어나가자 내 삶은 전과 비교할 수 없이 풍성해졌다. 독서의 지평이 넓어지며 책 읽는 진정한 재미까지 깨달았다. 나는 이제야 비로소 책을 즐길 수 있는 사람이 되었다. 내 인생을 바꿀 보물이 가득한 것이 책이라는 사실을 깨닫게 된 것이다.

독서라는 건 어찌 보면 글자만 읽어 내려가면 되는 일 같지만 초심자에게는 무슨 책을 읽을지, 어떻게 읽는 게 제대로 읽는 건지, 지속적으로 책을 읽도록 해주는 방법은 무엇인지 등 여러 의문이 생길 수밖에 없다. 뒤늦게 책과 친해진

나도 똑같은 고민을 했다. 독서에 정답이 있는 건 아니지만, 나름의 방법으로 독서를 즐길 수 있게 된 내 이야기가 누군가에겐 도움이 될 수 있을지 모른다는 마음으로 방법을 공유해본다.

무슨 책을 읽어야 할지 모르겠다면

베스트셀러는 많이 팔린 책일 뿐, 꼭 읽어야 하는 책은 아니다. 그 가운데는 시류에 편승한 책이 많기 때문이다. 특히 나이가 들면서 더욱 관심이 가는 건강 관련 서적 또한 조심해서 읽어야 할 분야다. 과학적 근거가 없는 경험담이나 유사 과학, 과학을 빙자한 책이 의외로 많다. 건강 도서 한 권 읽고 이를 신념 삼아 그대로 따라 하는 것만큼 위험한 일이 없다. 나는 다양한 시각을 담은 건강 도서를 읽는다. 특정한 사람(그가 의사라 할지라도)의 경험담에 의거한 내용은 그저 참고만 하고 여러 연구 결과를 통계적으로 다시 분석하는 메타분석을 거친 논문에 근거한 내용일 경우 삶에 적용해본다. 그런 다음 꾸준히 실천하기 위해 노력하고 실제로 건강이 개선되는지 관찰한다. 그런 과정을 통해 발견한 내게 맞는 건강 습관은 비로소 나의 라이프 스타일이 된다.

더 이상 새로운 콘셉트가 있을까 싶을 만큼 수없이 쏟아져 나오는 자기계발서 중에는 스테디셀러를 선택한다. 자기계발서는 읽어보면 비슷한 내용이 반복되는 경우가 많은데, 스테디셀러는 어느 정도 검증된 책이기 때문이다. 정독한 후에는 늘 곁에 두면서 왠지 삶의 방향을 잃은 듯하거나 동력이 떨어진다고 느껴질 때 다시 한번 꼼꼼히 읽어본다. 새 책을 살 때는 서점에서 목차를 훑어보고 흥미로운 부분을 읽어본다. 만일 영감을 주는 부분이 많다면 주저 없이 구매한다.

역사서와 경제서를 읽는 것은 나이 들면서 세상 보는 눈이 편협해지고 왜곡되는 것을 막아주는 자습이라고 생각하면 된다. 이 분야는 유튜브를 활용하면 더욱 좋다. 유튜브 영상 중에는 전문가 강의 콘텐츠가 많은데, 누구의 강의를 듣느냐가 매우 중요하다. 학자, 교수, 전문 강사 등 각자의 시각과

의견이 다르다. 우리는 특정 학파에 속할 필요도 없고 누군가의 편을 들 필요도 없다. 다만 그 분야에서 실력이 입증된 고수의 강의라면 귀를 기울여볼 만하다. 영상 콘텐츠를 통해 기초를 공부한 후 책을 읽는 것이 좋다. 여기에서도 여러 시각을 지닌 사람들의 강의를 듣고 책을 읽는 것이 중요하다. 나의 일천한 경험만으로 세상을 재단하는 것만큼 어리석은 일은 없다.

시집은 가볍게 읽기 좋다. 아무리 책을 읽기 어려운 다양한 변명이 존재한다 해도 하루 한 편 시를 읽는 것은 마음먹으면 누구나 할 수 있다. 나이가 들면 나도 모르게 시를 읽을 준비가 된다. 내 말이 믿어지지 않는다면 당장 시집을 펴고 예전에 읽었던 시를 다시 한번 낭송해보라. 같은 문장을 읽어도 의미가 다르게 다가오고 여운이 길게 남는 것을 실감할 것이다.

아트 북도 권한다. 한 작가의 작품을 소장하기는 어려워도 그 작가의 아트 북은 누구나 소장할 수 있다. 아트 북을 펼치면 예술의 도시 뉴욕, 런던, 파리, 베를린 등에 가지 않고도 집 안에서 세계적인 작가들의 작품을 볼 수 있다. 갤러리에서도 한 번에 볼 수 없는 작가의 다양한 작품을 볼 수 있다는 것도 큰 장점이다. 요즘은 아트 북을 감상할 수 있는 공간이 속속 생겨나고 있어 무척 반갑다. 그런 공간은 시간을 넉넉히 잡고 방문해 어린아이 같은 호기심으로 책장을 넘기면서 즐겨보자. 자꾸 봐도 좋은 작가의 아트 북은 소장도 해보고, 전시가 있으면 직접 방문해보자. 삶이 풍요로워지는 걸 체감하게 될 것이다.

요즘 나는 예술 분야의 책을 읽으며 새로운 세계를 경험하고 있다. 전에는 전혀 몰랐던 갤러리스트의 세계, 아티스트의 인생, 미술사, 미학 등 흥미진진한 분야를 탐험한다. 미술 분야는 워낙 다양하고 폭넓고 한없이 깊어서 새로운 책을 읽는 즐거움이 크다. 평생 공부하고 싶은 분야를 찾았다는 점에서 참 흐뭇하다.

책 읽는 것이 즐거워지니 요즘은 10대로 돌아간다면 도서관 책벌레로 살아보고 싶다는 생각이 든다. 바쁜 일상 때문에 책과 멀어졌다면 마음을 돌려 다시 책을 실컷 읽어보자. 영원히 늙지 않는 피터 팬이 될 것이다.

책을 만끽하는 나만의 방법

책만 읽으면 잠이 쏟아지고 눈이 침침해진다면, 한두 줄 읽으면 집중력이 떨어져 휴대폰을 보게 된다면, 독서를 위해 뭔가 바꿔야 한다는 신호인지 모른다. 무슨 책을 읽을지 충분히 고민하고 마음을 먹었을 테니 기왕 읽는 거 내용을 만끽할 수 있도록 분위기를 조성해보자.

첫째, 아침 시간을 활용하자.
전등을 아무리 밝게 켜도 아침 햇살처럼 환하지 않다. 나이 들면서 눈이 쉽게 피로해지거나 노안이 와 책을 멀리하는 경우가 많다. 나는 늘 컨디션도 좋고 햇살도 좋은 아침에 책을 읽는다. 아침에 책을 읽지 못하면 환한 햇살이 너무 아깝게 느껴진다.

둘째, 몰입을 돕는 소품을 활용하자.

나만의 독서 의식은 온전한 몰입을 돕는다. 나는 전용 의자에 앉아 홍차나 커피 한 잔을 준비한 후, 천연 아로마 향을 한 방울 떨어뜨리고 타이머를 한 시간으로 맞춰놓는다. 스마트폰은 비행기 모드로 바꾸어놓는다. 이렇게 하지 않으면 두 시간을 앉아 있어도 30분 집중하기가 어렵다. 오롯이 몰입하다가 어느 순간 타이머가 울릴 때 느끼는 행복한 아쉬움은 다음 독서 시간을 기다리게 만든다.

셋째, 전자책과 오디오 북을 활용하자.

전자책은 종이책의 묵직한 낭만은 없어도 휴대성이 좋고 무엇보다 글자를 크게, 밝게 볼 수 있어 편리하다. 나는 스마트폰, 전자책 리더기, 태블릿 PC를 모두 활용한다. 저녁에 독서할 일이 있으면 전자책으로 본다. 요즘은 여행 갈 때 무거운 종이책을 들고 가는 일은 없다. 이동 중에는 스마트폰 앱으로 오디오 북을 듣고 요리책 혹은 잡지처럼 컬러 화보가 많은 책은 태블릿 PC를 이용한다. 전자 기기를 잘 활용하면 독서 생활에 날개를 달 수 있다.

독서를 평생 습관으로

책을 평생의 친구이자 멘토로 삼고 독서를 일상 습관으로 만들자. 반드시 완독, 정독, 다독해야 한다는 강박에서 벗어나도 좋다. 설렁설렁 읽더라도 인생의 바이블로 삼을 만한 책을 발견할 수 있다. 중요한 것은 독서 자체가 일상에 스며들어 나의 세계를 풍성하게 만드는 것이다. 우리 집에는 책상, 침실, 식탁, 소파 등 잠시 머무는 공간 곳곳에 늘 책이 놓여 있다. 요리책, 사진집, 아트 북, 시집 등 종류도 가리지 않는다. 주변에 책이 많을수록 자연스럽게 독서할 수 있다.

어른이라면 누구나 독서가가 되어야 한다. 소위 성공한 사람 중에는 독서광이 많다. "책을 읽는다고 반드시 성공하는 것은 아니지만 성공한 사람들은 반드시 책을 읽는다"라는 말도 있다. 많은 이들이 책에서 인생의 지혜와 문제의 실마리를 찾아내기 때문일 것이다. 이를 비단 고리타분한 남의 얘기로 치부하지 말고 직접 실천해 삶의 변화를 느껴보자. 다시 말하지만 어른은 업데이트되는 존재다. 끊임없이 배우고 습득하지 않으면 어느 순간 '꼰대'가 된다. 책은 업데이트를 위한 최고의 스승이며 독서를 하는 한 정신은 나이와 비례해 성장한다. 책의 문장 사이사이에 녹아 있는 생활의 지혜와 석학들의 지성, 세상의 이치와 인생의 진리, 삶을 풍요롭게 해주는 선물까지 원하는 건 무엇이든 찾아내보자. 그 과정에서 삶을 더 행복하게 만들 나만의 '인생 책'을 발견한다면 그것처럼 축하할 일은 없을 것이다.

오유경의 인생 책

나에게 인생 책이란 삶과 세상에 대한 새로운 관점과 통찰을 안겨주거나 행동을 바꾸도록 해준 책이다. 인생 전반에 걸쳐 영향력을 미치는 책 중 최근 나를 움직이고 있는 것을 꼽아봤다.

① 인문

《사피엔스》 유발 하라리(김영사, 2015)

인류의 역사를 사피엔스라는 종의 역사로 풀어내면서 인간이 어떻게 지구의 지배자가 되었는지 담아낸 책이다. '허구의 이야기를 지어내는 능력', 곧 인지 혁명이 인간을 지금에 이르게 했다는 내용이 핵심이다.

《심연: 나를 깨우는 짧고 깊은 생각》 배철현(21세기북스, 2016)

고대 이집트 상형문자, 고대 그리스어, 아람어, 히브리어 등을 마스터한 고전 문헌학의 대가 배철현의 인문 에세이. 고독, 인내, 침묵, 현관, 단절, 사유, 관찰, 심연 등 28개의 아포리즘은 나로 하여금 독립적인 인간으로서 생각하게 해주었고, 진정한 자립으로 이끌어주었다.

② 경제
《3차 산업혁명》 제러미 리프킨(민음사, 2012)

지금은 '4차 산업혁명'이라는 단어도 흔히 들을 수 있지만, 예전에 읽은 이 책을 통해 다가올 미래를 가늠했다. 책의 요지는 세계경제의 패러다임이 수직적·중앙집권적 화석연료의 시대에서 수평적·분산적 재생에너지의 시대로 가고 있다는 것이다. 제러미 리프킨은 인터넷 기술과 재생에너지가 합쳐져 모든 분야에 걸쳐 혁명적 변화가 일어나는 과정을 설명한다. 이렇듯 얼핏 느린 매체처럼 보이는 책이 미래를 제시하기도 한다.

③ 소설

《개미》 베르나르 베르베르(열린책들, 2001)

《향수》 파트리크 쥐스킨트(열린책들, 2006)

두 권의 소설은 모두 '나'를 중심으로 한 질서 이외에 다른 세상과 다른 기준이 존재한다는 것을 일깨워주었다. '지구의 주인은 사실 개미일지도 몰라', '세상을 움직이는 건 보이는 것이 아니라 보이지 않는 향기 혹은 냄새일지도 몰라'라는 생각의 확장 말이다. 그것은 나와 타인, 인간과 자연, 지구와 우주로 확장되었다. 그런 생각을 하니 이전과는 다르게 외연이 넓어진 내가 보였다.

《연금술사》 파울로 코엘료(문학동네, 2001)

꿈을 따라간다는 것, 마음의 소리에 귀 기울인다는 것은 결국 인생의 나침반과 동력이 있다는 의미다. 50대에 이르러 세상살이에 흐려졌던 나의 별을 이 책을 통해 다시 찾으니 어디선가 힘이 솟아났다.

④ 자기계발

《아티스트 웨이》 줄리아 카메론(경당, 2012)

　　남을 위한 내가 아닌 오직 '나'로 충만하게 살아가는 방법을 알려준 책. 지금 내가 한 권의 책을 쓸 수 있도록 인도한 책이기도 하다. 줄리아 카메론은 창조력을 키우고 영감을 살려내는 혼자만의 시간을 가지며 우울과 무기력에서 벗어나 잠재된 재능을 발휘하게 도와준다.

《정리의 힘》 곤도 마리에(웅진지식하우스, 2020)

　　마침 마음의 정리가 필요할 때 물건을 정리하는 법을 알려줘서 마음은 물론 인생까지 정리하게 해준 책이다. 시사 프로그램 진행자로 거대 담론에 익숙해지며 주부의 일상을 사소한 것으로 여겼던 나다. '정리'라는 다소 기계적으로 여겨지던 귀찮은 숙제를 체계적이고 철학적인 행위로 끌어올려 전 세계에서 새로운 직업과 사업 분야를 창조해낸 한 여성의 노하우에 감동받았다. 곤도 마리에식 정리법을 터득한 후 내 삶의 질은 그 어떤 책을 읽었을 때보다 높아졌다.

⑤ 역사

《콜디스트 윈터》데이비드 핼버스탬(살림출판사, 2009)

역사적 사건에 대해 다른 입장과 여러 관점, 해석이 존재하는 것은 당연한 일이다. 그러나 사실만큼은 직시해야 할 것이다. 뉴저널리즘의 창시자 데이비드 핼버스탬은 탁월한 조사력과 저널리즘을 발휘해 우리가 몰랐던 한국전쟁의 이면을 드러낸다. 이데올로기라는 안경을 통해 굴절된 역사적 편견을 사실이라고 믿고 있는 경우가 얼마나 많은지.

⑥ 예술

《A Bigger Book》데이비드 호크니(Taschen, 2016)

영국 팝아트의 거장 데이비드 호크니 작품집. 세계적인 아트 북 전문 출판사 타셴에서 출간했다. 손으로 들기 어려울 정도로 크고 두꺼운 이 책은 데이비드 호크니의 그림 세계를 이해하고, 그의 작품을 가까이에서 경험할 수 있는 기쁨을 준다. 9,000권 한정으로 출간해 소장의 기쁨까지 주는, 내겐 특별한 책이다.

⑦ 여행

《하늘 호수로 떠난 여행》 류시화(열림원, 2015)

류시화 시인의 인도 여행기. 25년간 몸담았던 큰 조직에서 벗어나 홀로 서며 조심스레 한 발 한 발 내딛던 나를 느긋하고 가볍게 해준 책이다. 이 책은 조금은 불안해하는 내게 부드럽게 속삭였다.

"괜찮아, 힘 빼고 편안하게 걸어. 어떤 일이 있어도 웃고 받아들이고 즐겨. 그게 인생이야. 그것도 아주 행복한 인생."

보물섬에 있는 해적들의 보물보다

책 안에 더 많은 것들이 있다.

_월트 디즈니

4

여전히 인생은
가능성으로 가득하다

즐기기

: 예술의 향기를 지니는 삶

예술은 어른의 놀이터다

    나는 삶에서 예술이 무척 중요한 역할을 한다고 믿는다. 어른에게 예술을 즐기는 것은 선택이 아닌 '필수'다. 주변에서는 내게 "나이가 들면 결국 골프랑 등산밖에 없어"라는 말을 한다. 하지만 나는 그 말을 들을 때마다 의아할 뿐이다.

    '아니 왜? 나는 즐길 거리가 이렇게 넘쳐나는데!'

    예술을 즐길 줄 아는 힘이 생기면 삶이 너무나 풍요로워져 심심할 겨를이 없다. 아이들에게 마음껏 뛰놀 수 있는 놀이터가 있듯, 어른에게 마음이 마음껏 뛰놀 공간을 제공하는 것이 예술이다.

많은 사람이 '예술'을 일부 교양인의 고급 취미로 여긴다. 그러다 보니 은근한 호기심과 동경하는 마음이 생기다가도 가까이 다가서지 못한 채 남의 이야기로 치부하고 만다. 누구나 내면에 품고 있는 예술적 자아가 빛을 보지 못하고 다시 움츠러드는 것이다. 하지만 예술을 즐기는 일은 하나도 어렵지 않다. 직업적 화가가 되거나 음악 평론가가 되기 위해 예술을 대하는 게 아니지 않은가. 그저 아이 때 크레용을 쥐고 아무 곳에나 삐뚤빼뚤 그림을 그리듯 아무 목적 없이 순수하게 즐기면 된다. 그 과정에서 나만의 취향을 발견하면 관심 분야를 중심으로 자연스레 확장하면 된다. 돈이 되지 않는 것, 의식주와 관련 없는 것, 써먹을 곳이 없는 것, 그래서 무용하다고 치부되기도 하는 것이 바로 순수한 놀이이며, 그런 놀이에서 진정한 즐거움을 얻을 수 있다. 그 가운데서도 우리의 삶을 향기롭게 고양하는 것, 그것이 바로 예술이라는 놀이다.

일단 풍덩 뛰어들기

그럼에도 예술과 대면하길 어려워하는 사람이 많다. 무엇보다 중요한 점은 자주 경험해보며 예술을 접하는 것에 대한 편견을 없애는 것이다. 딱 세 번만 시도해보면 스스럼없이 즐기는 자신의 모습을 발견할 것이다.

평창동으로 이사 오기 한참 전 일이다. 북한산 둘레길을 산책하다가 평창동으로 접어들자 곳곳에 갤러리가 있었다. 높고 커다란 대문을 열고 들어가야 하는 곳도 있고, 작은 유리문만 거치면 들어갈 수 있는 곳도 있었다. 문 안쪽은 딴 세상 같아서 신기하기만 했다. '이곳은 어떤 사람들이 들어갈까?', '나도 들어가도 되는 걸까?', '돈을 내야 하나? 얼마나 내야 하는 걸까?', '혹시 그림을 사야 하는 것은 아닐까?', '옷을 차려입고 가야 하는 건 아닐까?' 등 궁금증과 두려움이 끊이지 않고 이어졌다.

하지만 지금은 동네 마실 다니듯 갤러리를 드나든다. 예전엔 큐레이터가 서 있으면 괜히 부담스러워지곤 했지만 지금은 먼저 인사를 건네고 편하게 대화도 나눈다. 그림을 전시하고 있는 작가는 사람들이 자기 작품을 보고 무슨 생각을 할지 궁금해한다. 쑥스러워서 말을 못 건네는 건 나뿐만이 아니라 작가도 마찬가지라는 것도 알았다.

미술에 관심이 있다면 작은 갤러리부터 도전해보자. 갤러리란 특유의 고급스러운 분위기에 눌려 괜히 주뼛거리게 되는 어려운 공간이 아니라, 무료 또는 저렴한 비용으로 일상에서 양질의 예술을 즐길 수 있는 편안한 공간임을 알게 될 것이다. 그림이 아니어도 사진, 연주, 영화, 연극, 공예, 건축 등 일상 곳곳에는 눈만 돌리면 즐길 예술 콘텐츠가 넘쳐난다. 이제는 예술을 남의 일로 여기지 말고 내 삶으로 가져와보자.

나의 예술 입문기

파리를 여행한 사람이라면 누구나 루브르 박물관, 오르세 미술관 등을 방문해보았을 것이다. 나도 마찬가지다. 20대에는 친구와, 30대에는 남편과 둘이서, 40대에는 딸과 함께

세 식구가 파리 여행을 갔을 때 들렀다. 다빈치의 '모나리자' 와 고흐, 모네 등 미술사의 대표작 앞에서 감동받아 한참 동안 서 있기도 했지만 내 삶으로 예술 작품이 들어오지는 못했다. 내 삶에 미술 작품이 들어온 것은 세기의 명작 때문이 아니었다. 일명 컨템퍼러리 아트를 만나면서부터다. 유망한 신진 작가를 발굴해 전시하는 '코리아 투마로우'라는 아트 페어가 있었다. 2007년쯤 이 행사를 기획하고 주최한 멋진 언니의 초대로 관심도 없었던 아트 페어라는 곳에 처음 가게 되었다. 그때까지 나에게 미술 작품이란 중세, 르네상스, 근대의 문화유산이었다.

그런데 그곳에서 만난 작품들은 나와 같은 시대를 보고 느끼고 살면서 반영된 동시대성 때문인지 명화가 주는 감동과는 다른 강력한 매력이 있었다. 그중 특별히 나의 시선을 사로잡는 그림을 만났다. 평면의 캔버스가 아닌 반입체의 부조였는데, 베네치아 풍경을 배경으로 책들이 책상 위에 잔뜩 쌓여 있고 주사위와 우주복을 입은 고양이가 있었다. 초현실적인 이 작품의 요소 가운데 입체적으로 튀어나온 책은 나와 그림을 연결해주는 매개체가 되었고, 주사위는 어떻게 펼쳐

질지 모르는 운명에 대해 말하는 느낌이었다. 그림 속 고양이는 왜 우주복을 입고 있는지 궁금하기도 했다. 구경이나 하자고 갔던 아트 페어에서 나는 우여곡절을 거쳐 그 작품의 다른 버전을 구매하고 말았다. 그리고 그 작품을 집에 걸어놓으면서 예술 작품의 놀라운 힘을 실감하게 되었다. 당시 우리 집 벽에는 신혼 때 인테리어용으로 사서 걸어둔 정물화 액자, 포스터 액자 등이 있었지만 그것들이 주는 느낌과는 차원이 다른 감동이 있었다. 매일 볼 때마다 작품이 내뿜는 오라에 감동을 느꼈다.

이렇게 나를 미술의 세계로 이끈 주인공은 고양이 작가로 알려진 이경미 작가의 '스트리트' 시리즈 초기작이었다. 미술 작품이 주는 기쁨과 즐거움을 처음으로 맛본 나는 삶이 질적으로 고양되는 느낌을 받았다. 이후 전시회 개최 소식을 접하면 관심이 갔고, 좋은 전시회에 가기 위해 짬을 냈다. 그러나 딱 첫걸음 정도의 관심일 뿐 일과 집안일을 병행하는 바쁜 일상으로 더 깊은 관심을 갖지 못했다. 그때만 해도 10년도 채 안 되어 퇴사하고 인생 3막을 계획하면서 평창동에 갤러리와 문화 공간을 만들게 되리라고는 상상조차 하지 못했다.

눈과 귀로 즐기는 행복

예술을 즐기다 보면 점차 눈높이가 높아지면서 똑같은 것을 보고도 더 많이 느낄 수 있는 힘이 생긴다. 정신적으로 고양되고 감성적으로 풍부해지기 때문이다. 예술이 아름다움을 볼 줄 아는 눈을 만들어주는 것이다. 아름다운 것을 보면 잡다한 삶의 찌꺼기가 빠져나가는 듯한 기분이 들고 지금껏 경험해보지 못한 기쁨이 느껴진다.

예술은 진정한 삶의 가치를 향유하게 해준다. 우리나라에서 어느 정도 나이가 든 사람들은 만났다 하면 하는 얘기가 비슷하다. 아이들 교육과 집값, 건강 문제 등 쳇바퀴 도는 이야기 속엔 한 번뿐인 인생을 관조하고 즐기는 지혜로움이 없다. 바깥세상에 나가본 적 없는 우물 안 개구리 같다. 그러다 대화의 주제가 예술을 중심으로 이어지는 사람을 만나면 신선한 충격과 함께 큰 행복을 느낀다. 세상이 넓어지는 기분이 들며 비로소 내가 삶을 향유하고 있다는 생각이 든다.

명품은 소유해야 기쁘지만 예술품은 보고 즐기는 것만으로도 기쁘다. 명품은 또 다른 명품을 향한 결핍을 낳아 마음을 가난하게 하지만, 예술품은 다른 예술품에 대한 사랑을 낳고 마음을 풍요롭게 한다. 백화점 아이쇼핑을 하는 대신 갤러리 아이쇼핑을 해보면 안다. 백화점 아이쇼핑은 하면 할수록 욕망이 커지고, 갤러리 아이쇼핑은 하면 할수록 영혼이 살찐다. 또 명품을 즐기는 사람은 다른 이의 외모에 주목하지만 예술을 즐기는 사람은 자신의 내면에 집중한다. 내면에 집중하는 사람의 삶은 향기롭다.

이렇듯 예술이라는 놀이는 삶을 윤택하게 해주며, 이를 즐기는 것은 삶을 살아가는 데 필요한 능력 중 하나다. 작가이자 화가이기도 했던 헤르만 헤세는 "모든 예술의 궁극적인 목적은 인생이 살 만한 가치가 있다는 것을 일깨워주는 것이다"라고 했다. 만약 당신이 지금보다 삶을 더욱 즐기며 내면을 살찌우길 바란다면, 일단 한번 시작해보자. 용기 내서 무거워 보이는 저 문을 열고 들어가보는 것이다. 그 보상은 아마 미소 지을 일이 더 많은 풍요로운 일상일 것이다.

예술은 영혼에 묻은

일상의 먼지를 씻어준다.

_파블로 피카소

건강관리

: 어른의 삶에 필요한 세 개의 열쇠

50대에 접어들었다면 누구나 갱년기라는 관문을 통과해야 한다. '나이를 먹는다'는 것이 '늙는다'는 냉엄한 현실로 다가서는 것도 바로 이때부터다. 이곳저곳이 불편하다 못해 아프고, 예전처럼 먹는데도 소화가 잘 안 되거나 뱃살만 늘어난다. 피부는 주름이 늘어나는 만큼 탄력이 줄고, 하루가 다르게 사라져가는 머리숱으로 고민하지 않으면 늘어나는 흰머리로 고민한다. 아무리 태연한 척하려 해도 하루하루 늙어가는 몸과 얼굴을 마주하는 일이 아무렇지 않을 수 없다. 그러면서 젊음과 건강에 대한 욕구가 커져간다. 하지만 세월을 거꾸로 돌리는 방법은 없다. 확실한 탈출구가 없다면 빨리 마음을 접고 상황을 받아들이는 것이 상책이다. 그래서 나는 젊음을 붙들기 위해 쓸데없는 노력을 기울이기보다 '아름답고 건강한 할머니'가 되는 쪽을 선택했다. 다른 의미의 '젊음'과 '건강'을 추구하기로 한 것이다.

세계 최고의 골프 선수 타이거 우즈도 나이가 들면서 전성기의 스윙을 바꿨다. 골프 황제인 그조차 현재의 신체 조건에 맞는 스윙을 찾아내야 했던 것이다. 진정 젊게 산다는 것은 젊은 시절의 '습관'이 아니라 '기량'을 유지하는 것 아닐까? 그러기 위해서는 신체가 허락하는 리듬에 맞춰 먹고, 자고, 일하고, 즐기는 등 나이에 맞춰 변화해야 한다. 그럼으로써 건강을 유지할 수 있고 기량 또한 유지할 수 있다.

그런데 건강이라고 하면 대개 육체적인 상태만 떠올리기 쉽다. 하지만 요즘에는 '마음 상태'와 사회적인 '관계'까지 건강의 개념에 포함된다. 세계보건기구(WHO) 역시 건강을 단순히 질병이 없는 상태가 아니라 '신체적, 정신적, 사회적으로 안녕한 완전한 상태'라고 정의한다. '헬스 트라이앵글'이라 불리는 이 세 요소를 잘 관리할 때 건강한 삶을 살 수 있다는 것이다. 건강과 행복은 따로 떼어놓기 어려울 정도로 밀접하게 연관되어 있다. 삶의 목표가 결국은 행복한 인생을 사는 것이라면 건강을 챙기는 것은 행복을 위한 필수 과제다. 그래서 나는 인생 3막을 시작하며 진정한 의미에서 건강한 어른이 되기 위해 세 가지 요소를 균형 있게 유지하기 위해 노력한다.

절제: 라이프 밸런스를 완성해주다

건강한 삶을 위한 첫 번째 요소는 '절제된 생활'이다. 나의 젊은 시절을 한마디로 정의하자면 '지나친 열정'이었다. 무엇을 하든 온 힘을 다했고 과로와 과음을 멋으로 알았다. 나의 롤 모델 중 한 분인 우리나라 최초의 패션 디자이너 노라노 선생님은 각자가 지닌 능력의 90퍼센트만 쓰라고 했다. 처음 그 말을 들었을 때는 이해할 수 없었지만, 능력치를 넘게 노력을 쏟아부어 일하다 건강까지 해치고 나서야 그 말씀에 담긴 깊은 뜻을 알게 되었다.

과거에는 술 마시는 것도 업무의 연장이자 실력으로 생각하는 경향이 있었다. 옛 동료를 만났을 때 술을 마다하면

'변했다'고 여기는 분위기였다. 나는 오히려 그가 과거에 머물고 있구나 생각했다. 지금의 나는 20년 전에 비하면 술을 끊었다고 해도 과언이 아닐 만큼 절제하고 있다. 그런데 아이러니하게도 과거에는 술이 좋아서 마신 것이 아니었지만, 지금은 술을 좋아하게 되었다. 특별한 날, 특별한 자리에 분위기에 맞는 술 한잔을 음식과 대화를 곁들여 마시다 보니 그 멋과 맛을 즐기게 된 것이다. 술은 호기나 오기로 마시는 것도, 기분 나쁠 때 마시는 것도, 양으로 마시는 것도 아니었다. 좋은 사람과 좋은 자리에서 한두 잔 곁들일 때 기쁨을 더해준다. 절제 속에서 느끼는 즐거움은 내가 생각했던 것보다 훨씬 크게 다가왔다.

절제된 생활은 정신 건강을 지키는 데도 도움을 준다. 밤을 좋아하던 젊은 시절과는 달리 요즘은 아침이 축복처럼 느껴진다. 아침 일기나 명상도 권하고 싶다. 20분 남짓한 나만의 시간은 하루의 케렌시아, 즉 안식이다. 무언가를 자꾸 삶에 채워 넣기 위해 조바심 낼 필요 없다. 가장 중요한 것은 있는 그대로의 나를 인정하며 내 방향을 정하고 나만의 속도로 걸어가는 것이다.

식사: 내가 먹는 것이 곧 나다

두 번째는 미생물학자인 남편의 조언에 힘입어 식단부터 명칭까지 내가 직접 만든 '마이크로바이옴 식탁'이다. 처음 접하는 사람들은 낯선 이름 때문인지 어렵고 복잡하게 여기기도 한다. 하지만 내용을 설명해주면 자연스레 공감하며 동참을 원하는 이들이 생긴다. 현대 과학이 밝혀낸 사실에 근거한 방법이고, 지속 가능한 방법이며, 아직까지는 식사를 잘하는 것 말고는 달리 영양의 대안이 없기 때문이다. 요리법이 쉬워서 방법만 터득하면 누구나 실천할 수 있다는 것도 장점이다.

우리 몸에는 38조 개의 미생물이 살고 있으며 그 가운데 99퍼센트가 장에서 생활한다. 이 미생물들은 장 내부에서 하나의 생태계를 이루는데 이를 마이크로바이옴이라고 한다. 일종의 바이오 공장이라고 생각하면 된다. 이 공장이 잘 작동할 때 면역 체계가 제 기능을 한다. 또 이곳에서는 인체가 만들어내지 못하는 영양소를 생산하고 공급하는데 전체의 15퍼센트 정도를 차지한다. 건강한 마이크로바이옴은 뇌를 비롯한 우리 몸 곳곳에 다양한 신호를 보내며 조절한다. 우리 몸의 주조정실이 뇌가 아니라 장에 있는지도 모른다는 얘기가 나올 정도다.

마이크로바이옴 식탁의 핵심은 요리가 아닌 장보기다. 내 몸속 바이오 공장을 제대로 가동하려면 좋은 재료를 공급해야 하기 때문이다. 좋은 재료란 다름 아닌 미생물이 먹을 수 있는 채소, 과일, 견과류, 통곡물, 해조류, 콩, 버섯 등이다. 나는 보통 일주일에 30종류 이상의 미생물 먹이를 먹는다. 일반적인 채식이나 저탄고지 식단과 다른 점은 '먹어서 안 되는 음식은 없다'라는 점이다. 가령 저녁 메뉴가 육류라고 하면 양을 반으로 줄이고 채소나 견과류, 해조류 등으로 나머지 반을 채우면 된다. 우리가 일상적으로 먹는 식사에서 장내 미생물의 먹이가 되는 재료를 반 이상 차지하게 하면 바이오 공장이 잘 돌아간다. 다만 비만, 당뇨, 암, 고혈압 등 특별히 관리가 필요한 사람은 기본 식사법에 자신에게 필요한 부분을 추가하면 된다. 현대인이 앓고 있는 만성질환은 대부분 면역과 관련된 질환이다. 마이크로바이옴 식탁은 이러한 면역 질환을 예방해 노후를 건강하게 보내도록 해준다.

실천한 지 4년째에 접어드는 마이크로바이옴 식탁은 나

의 식습관과 생각을 완전히 바꿔놓았다. 그뿐 아니라 마이크로바이옴 식탁을 함께 실천하는 사람들도 늘어나고 온라인 카페도 생겼다. 나와 장내 미생물은 공동체이므로 장내 미생물을 배려하는 것이 결국 나의 건강을 위한 것이라는 사실을 알게 되면서 좀 더 겸손해졌다. 우리 사회는 더 큰 나, 즉 확장된 내가 아닐까 하는 생각이 들었기 때문이다. 사회도 하나의 유기체이며 나와 남의 관계가 건강하다는 것은 사회가 건강하다는 것이고, 더 큰 내가 건강해지는 것이라는 생각에까지 이르게 되었다.

관계: 모두에게 좋은 사람일 필요 없다

건강한 삶의 세 번째 요소인 '관계의 건강'은 권위적 사고를 지닌 사람이 누리기는 어렵다. 수평적으로 사고하고 관계에 대한 지나친 욕심을 내려놓아야 비로소 가능해진다. 우리는 다른 이의 시선을 지나치게 의식하는 경향이 있다. SNS 이웃을 의식해 나를 포장하고 과장하기도 한다. 나 자신을 위해서가 아니라 남에게 보여주기 위해 소중한 시간과 삶의 열정을 허비하는 일도 허다하다. 결코 모두에게 잘 보일 필요도 없고, 모두에게 칭찬받을 이유도 없다.

향긋한 와인처럼 세월과 함께 숙성해갈 관계를 만들기 위해서는 성공을 위한 인맥, 나를 포장해줄 유명 인사가 아니라 내 곁에 있어줄 따뜻하고 성숙한 사람이 필요하다. 또 타인에게 그런 사람이 되어주어야 한다.

이처럼 건강한 삶을 살기 위해서는 다방면으로 성숙해져야 한다. 몸과 마음의 균형을 찾고 스스로의 삶을 여유롭게 받아줄 수 있을 때 남과의 관계도 편안해지며 건강한 삶을 누릴 수 있다. 건강한 삶에는 행복이 자연스럽게 깃들 것이다.

당신의 몸을 돌보라.

몸은 당신이 살아가는 유일한 장소다.

_짐 론

죽음

: 품위 있는 마지막을 준비하다

노년을 떠올리면 자연스레 죽음이 겹쳐진다. 그리고 '죽음'이라는 단어를 생각하면 의료 장비에 의존해 투병하거나 요양원 침대에 누워 꺼져가는 생명을 연장하는 모습을 떠올리곤 한다. "오래 살면 뭐 해"라고 자조 섞인 말을 하는 이유는 인생의 마무리가 으레 고통스럽고 무기력할 것이라고 생각하기 때문이다. 그러나 인간의 노화가 반드시 질병을 동반하는 것은 아니며 죽음을 병원에서 맞이하는 게 자연스러운 것은 아니라는 사실을 환기할 필요가 있다.

무려 70년에 걸쳐 영국 최장기 국왕에 재위했던 엘리자베스 2세 여왕이 서거했다는 소식에 새삼 놀란 것은 그녀의 죽음 때문이 아니었다. 백수(白壽)에 가까운 노인의 부음이 그리 놀랄 일은 아니지 않은가. 불과 2~3일 전에 스코틀랜드 전통 의상을 입은 여왕이 리즈 트러스 영국 총리를 임명하는 뉴스를 보았는데 그다음에 들린 소식이 서거였다는 사실 때문에 놀란 것이다. 향년 96세의 여왕은 죽기 직전까지 중요한 일정을 직접 챙기며 일상적인 하루를 보냈다.

한국의 대표 지성 이어령 선생님의 죽음도 큰 반향을 일으켰다. 돌아가시기 직전까지 동시대를 사는 우리를 위해 삶의 통찰이 담긴 가르침을 책으로 펴내고, 디지털 문화에 능숙한 분답게 셀캠으로 "잘 있으세요. 여러분 잘 있어요"라고 작별 인사까지 남겼기 때문이다. 생명의 불씨는 꺼져가지만 지성과 영성의 불꽃은 그 어느 때보다 환하게 타오르는 것을 온 국민이 지켜보았다. 일상을 영위하다 조용히 숨을 거두는 자연스러운 인생의 마무리, 마지막 순간까지 지혜를 나누며 어른으로서의 책임을 다한 존엄한 마무리는 인생이라는 장편 서사시의 마무리로 제격이 아닐까.

우리의 삶은 예외 없이 죽음으로 마무리된다. 《끝이 좋으면 다 좋아》라는 셰익스피어 희곡 제목처럼 자연스럽고 존엄한 죽음은 좋은 인생을 위해 한번 꿈꿔볼 만하지 않은가. 확실한 미래인 죽음을 아름답게 준비하는 것이야말로 가장 지혜로운 일일 것이다. 프란츠 카프카는 "삶이 소중한 이유는 언젠가 끝나기 때문이다"라고 했다. 우리의 삶을 더욱 소중하고 빛나게 해주는 것이 죽음이라는 사실이 역설적이긴 하지만 우리는 이 죽음을 정성껏 준비할 필요가 있다. 이제는 웰빙(well-being)만큼이나 웰다잉(well-dying)이 중요한 시대다.

웰다잉, 아름다운 죽음을 꿈꾸다

웰다잉이란 '인간으로서 존엄성과 가치, 품위를 지키며 삶을 마무리하는 것'을 뜻한다. 잘 죽는 것은 잘 사는 것의 연장선이며, 죽음은 삶의 종결이 아닌 삶의 완성이다. 우리나라 사람 네 명 중 세 명이 병원에서 죽음을 맞는다고 한다. 무병장수는 누구에게나 오는 행운이 아니지만 불가능한 것은 아니다. 노력을 통해 건강한 노년을 누릴 수 있다.

평소 건강 식단을 열심히 챙기는 나에게 얼마나 오래 살려고 그렇게 먹느냐고 말하는 사람들이 있다. 그러면 나는

"오래 살기 위해서가 아니라 병실에 오래 누워 있다가 죽고 싶지 않아서"라고 답한다. 현대 의학은 어떤 질병에 걸리든 쉽게 죽도록 놔주지 않는다. 일찌감치 건강을 챙기지 않으면 빨리 죽음을 맞이하는 것이 아니라 병실에서 오래 투병하게 된다. 투병 기간이 길어질수록 나의 존엄을 지키기 어려워지고 나 자신으로 존재하기 어렵다.

사람이 죽기 전에는 지나간 삶의 순간들이 주마등처럼 지나간다고 한다. 임종을 앞둔 사람처럼 삶의 순간을 상상해보자. 머릿속에 우울한 장면이 떠오른다면 뭔가 잘못 살고 있다는 신호다. 이 신호를 놓치지 말고 포착해 삶을 잘 정비하고 우울한 상상이 현실이 되지 않게 해보자. 삶을 정비한다는 것은 대단한 일이 아니다. 내가 그랬듯 일기를 쓰며 마음의 상처를 치유하고, 식단을 바꾸고, 운동을 하며, 생활 습관을 개선하는 등 몸과 마음의 건강을 위해 오늘 당장 할 수 있는 일부터 실천하면 된다. 나의 죽음을 깊이 애도할 가족 또는 가족 같은 진실한 관계를 만들고, 도전하지 못해 후회할 것만 같은 일도 용기 내서 도전한다.

그렇게 하루하루 충실히 살다 보면 죽음을 삶의 완성으

로 생각하게 될 뿐만 아니라 현재의 삶도 아름다워질 것이다. 이렇듯 죽음을 미리 준비한다는 것은 죽을 날을 기다린다는 의미가 아니다. 오히려 남은 날을 더 의미 있게 살기 위해 각오를 다지는 것이다. 한번 크게 앓아본 사람이 건강의 소중함을 알고, 한번 크게 실패해본 사람이 작은 성공의 기쁨을 아는 것처럼 죽음을 떠올려본 사람만이 하루하루의 가치를 깨닫게 된다. 마지막 순간을 떠올려 이 순간을 행복하게 살 수 있다면 죽음을 곁에 두지 않을 이유가 없다.

메멘토 모리, 죽음을 잊지 마라

　죽음을 위한 또 하나의 준비라면 일상에서 존재의 '유한함'을 잊지 않는 것이다. 시한부 인생을 산다고 생각하면 모든 순간을 빛나게 살기 위해 노력하게 될 것이다. 곧 닥칠 죽음을 생각하며 자신에게 남은 시간을 최대한 빛나는 순간으로 만들고자 했던 젊은 청년들의 이야기가 이를 증명한다. 읽는 내내 가슴이 아프고 절절했던 님 웨일즈가 쓴 《아리랑》의

한 대목을 소개한다. 1930년대 초 일제강점기 때 상하이에서 독립운동을 했던 청년들에 관한 기록이다.

의열단원들은 마치 특별한 신도처럼 생활하였고 수영, 테니스, 그 밖의 운동을 통해 항상 최상의 컨디션을 유지하도록 하였다. 매일같이 저격 연습도 하였다. 이 젊은이들은 독서도 하였고, 쾌활함을 유지하고 자기들의 특별한 임무에 알맞은 심리 상태를 유지하기 위해 오락도 하였다. 그들의 생활은 명랑함과 심각함이 기묘하게 혼합됐다. 언제나 죽음을 눈앞에 두고 있었으므로 생명이 지속되는 한 마음껏 생활하였던 것이다. 그들은 기막히게 멋진 친구들이었다. 의열단원들은 스포티한 멋진 양복을 입었고, 머리를 잘 손질하였으며 어떤 경우에도 결벽할 정도로 말쑥하게 차려입었다. 그들은 사진 찍는 것을 좋아했는데 언제나 이번이 죽기 전에 마지막으로 찍는 것이라 생각했다. 또 그들은 프랑스 공원을 산책하기를 즐겼다….

· 《아리랑》, 님 웨일즈, 김산 저, 송영인 역, 동녘, 2005.

어른 연습

나 역시 삶을 아끼고 사랑하기 위해 일상에서 죽음을 자주 떠올린다. 죽음이 인생에서 진정 중요한 것들이 뭔지 분명하게 알려주기 때문이다.

마흔 살 무렵에 이런 말을 들은 적 있다.

"사람들은 시급한 일을 중요한 일이라고 착각한다. 닥친 일을 처리하는 데 급급해서 중요한 일을 뒤로 미룬다. 사람도 마찬가지다. 정말 중요한 사람을 위해 먼저 시간을 써야 한다. 당신에게 중요한 사람은 누구인가? 진짜 중요한 사람이 누구인지 알고 싶으면 눈을 감고 죽을 때 누가 떠오를지 상상해보라. 그때 떠오르는 사람이 내가 사랑하는 사람이고 내게 중요한 사람이다."

순간 정신이 번쩍 들었다. 생의 마지막에 눈감는 순간을 상상하자 중요한 약속이라고 생각해서 가족과의 일상보다 우위에 두었던 많은 관계 중 단 한 사람도 떠오르지 않았다. 그들 중 단 한 사람이라도 먼 훗날 내 장례식장에 와서 깊은 애도를 표시할 사람이 있을까?

이후 죽음을 자주 떠올리는 버릇이 생겼다. 내게 진정 중요한 것이 무엇인지 스스로 자주 환기해야 세상의 소용돌이에 휩쓸리지 않을 수 있었기 때문이다. 죽음을 생각하면 소중한 사람만이 아니라 인생에서 진정 소중한 것이 무엇인지 너무나 분명하게 답을 얻을 수 있었다.

삶이 유한하다는 것은 누구나 아는 진리다. 그러나 사람들은 대부분 영원히 살 것처럼 행동한다. 삶의 유한함을 온 마음으로 받아들이는 것이야말로 의미 있는 삶을 위한 출발일 것이다. 이 책을 읽는 당신도 오늘 꼭 눈을 감고 삶의 마지막 순간을 상상해봤으면 한다. 당신 안의 현명한 목소리가 당신을 후회 없는 내일로 이끌어줄 테니.

잘 보낸 하루가 편안한 잠을 주듯이

잘 쓰인 일생은 평안한 죽음을 준다.

_레오나르도 다빈치

누리기

: 담백하고 여유로운 인생 3막

조화로운 삶을 위한 고민

자연주의적 삶을 산 것으로 잘 알려졌으며 《조화로운 삶》이란 책을 쓴 헬렌 니어링과 스콧 니어링 부부는 우리 부부의 삶에 많은 영감을 주었다. 그들은 자본주의에 염증을 느껴 시골로 이사해 집을 짓고 살며 소박한 농부의 삶을 선택했다. 최소한의 생활비로 검소한 삶을 즐겼으며 가진 것에 진심으로 감사할 줄 아는 사람이었다. 그들은 농사를 짓고 메이플 시럽을 만들어 팔며 자급자족의 삶을 살았다. 메이플 시럽이 좋은 반응을 얻어 더 많은 돈을 벌 수도 있었지만 니어링 부부는 1년 동안 필요한 최소한의 생활비를 정하고 그

만큼 벌고 나면 더 이상은 일하지 않았다. 나머지 시간에는 읽고, 쓰고, 사랑하고, 음악을 듣고, 연주하며, 다른 존재와 삶의 아름다움을 나누었다. 그들은 100세를 살았을 만큼 장수했는데, 병원과 약에 의지하지 않고 자연 속에서 평화롭게 삶과 작별했다. 참으로 차분하고 '조화로운 삶'이었다.

니어링 부부가 삶을 누리는 방식은 우리 부부가 인생 3막의 모습을 구체적으로 그리는 데 많은 영향을 줬다. 모습은 좀 달라도 우리 부부가 추구하는 은퇴 후 삶의 방향과 같기 때문이다. 조금 힘주어 말한다면 니어링 부부의 예술 버전이라고 할 수 있다. 일과 삶의 균형, 문화 예술을 누리는 삶, 건강한 식탁을 차리는 삶, 좋은 이웃과 함께하는 삶. 우리는 더 많이 벌기 위해, 더 높은 곳으로 올라가기 위해 애쓰는 대신 어떻게 하면 욕망에 휘둘리거나 소유에 집착하지 않고 삶을 온전히 누릴 수 있을지 함께 고민했다.

마음에 집을 짓다

인생 3막을 즐기기 위해 가장 먼저 해야 하는 건 무엇일까? 우리의 가치관을 실현하려면 어떤 변화를 만들어야 할까? 이에 대한 답을 얻기 위해 남편과 아이디어를 모으다가 우리 꿈을 구체적으로 구현할 터전을 마련하고 싶다는 생각에 이르렀다. 헬렌 니어링과 스콧 니어링 부부가 버몬트에 집을 짓고 자연주의적 삶을 산 것처럼 우리가 예술적 삶을 꾸려나갈 곳이 필요했다.

'평창동 1번지 프로젝트'는 그렇게 시작되었다. 우리는 부부를 중심으로 한 공간인 동시에 사람들과 함께 문화 예술을 향유할 집을 짓기로 했다. 마음을 정하고 주변 사람들에게 평창동에 인생 3막을 누릴 집을 짓겠다고 하자 우려의 말이 쏟아졌다. "투자가치가 있는 강남 아파트를 사는 건 어때?", "교통이며 생활 편의 면에서 불편하지 않을까?", "겨울에 눈이 많이 오면 집에 못 들어간다더라" 등등. 나라고 왜 그런 고민을 하지 않았겠는가. 하지만 인생 3막에는 좀 더 본질적인 가

4   여전히 인생은
가능성으로 가득하다   **245**

치를 한껏 누리는 삶을 살기로 결심한 만큼, 다른 욕심은 모두 내려놓고 내가 진정 원하는 미래를 그리기로 했다. 그리고 우리는 아무리 많은 돈을 주어도 살 수 없는 집, 영혼이 쉴 수 있는 '마음의 집'을 짓는 중이다. 집의 설계가 구체적으로 나올 무렵부터 SNS를 통해 지속적으로 평창동 1번지 소식을 공유하고 있다. 나뿐 아니라 문화 예술을 사랑하는 사람들이 함께 누릴 수 있는 공간이 되길 바라는 마음을 가득 담아서.

'누린다'는 건 끝없는 욕심을 내려놓고 마음의 곳간에 양식을 채운다는 뜻이다. 남이 아니라 오로지 나를 위한 시간을 보내는 것이며, 본질적이고 정신적인 것이 주인이 되어 물질적이고 일시적인 것을 지휘하는 것이다. 무언가를 진정으로 누린다면 삶이 풍요롭고 충만해지고 순수한 즐거움을 느낄 수 있을 것이다.

이제는 누리는 게 0순위

혈기 왕성할 때는 야망은 최대한 크게, 행동은 무조건 부지런히 해야 한다. 이 시기에 이루고 싶은 꿈을 향해 집중하고 노력하는 것만큼 멋진 일은 없다. 하지만 나이가 들어서도 과도하게 야망을 부풀리며 성공을 좇는 건 집착이자 노욕이다. 나 역시 나도 모르게 욕심에 끌려갈까 봐 수시로 경계하고 초심을 살핀다. 천년만년 살 것처럼 욕심을 내려놓지 못하는 사람을 보면 이렇게 말해주고 싶다.

"도대체 언제 누릴래?"

2023년 새해의 첫 해가 밝아오던 순간, 여느 때처럼 신년 계획을 세우기로 마음먹었다. 그런데 막상 돌아보니 매년 이맘때쯤 떠올리던 목표가 늘 비슷했다는 걸 깨달았다. 영어 공부, 운동, 독서 등. 더 높이, 더 멀리, 더 빨리 가고 싶던 시절에도 반복되던 계획이었다. 삶을 누리기로 다짐한 인생 3막의 목표는 뭔가 달라야 했다. 그래서 나는 '해야 할 일' 위주로 세우던 계획을 송두리째 뒤집었다. 일과 공부, 자기계발이 아니라 '어떻게 놀고, 어떻게 먹고, 어떻게 자고, 어떻게 쉴지' 계획과 목표를 짠 것이다. 구체적인 항목은 다음과 같다.

· 다양한 문화 예술을 즐기자.
· 건강한 식탁을 차려 이웃과 레시피를 공유하자.
· 알차고 즐거운 여행을 다니자.

흐지부지 시간을 허비하지 않도록 의욕적으로 계획을 짰다. 이런 계획이라면 작심삼일로 끝날 염려는 하지 않아도 될 것 같았다. 40여 년간 당연한 줄 알았던 '해야 할 일' 중심의 한 해 계획에 처음으로 다르게 접근하자 내가 삶을 보는 방식이 바뀌었다는 사실을 실감했다. 지금껏 소홀히 대했던 일상이 사실은 중요한 가치가 있는 존재였음을 깨달았다. 놀라운 건 잘 누리기로 마음먹으니 오히려 해야 할 일을 순조롭게 하게 되었다는 것이다. 방점을 어디에 두었느냐만 달라졌을 뿐인데 생산성과 효율이 높아진 것이다. 누리면서 에너지를 제대로 충전하는 만큼 일에 대한 집중도와 의욕이 상승했다. 해야 할 일에 허덕이지 않고 척척 해내는 듯한 느낌이 들자 스스로 유능해졌다는 충만함으로 하루하루 기분이 좋아졌다.

숙제 같은 일에 둘러싸인 채 쫓기듯 생활하던 때는 미처 보지 못하고 지나친 것이 많았다. 예를 들어 과거 나에게 밥은 일하는 데 필요한 에너지원에 불과했지만, 이제 식사는 영혼을 위로하는 소중한 경험이 되었다. 가끔은 이런 소소한 즐거움을 더 일찍 알았으면 좋았을 거라는 생각이 든다. 그동안 내 인생은 한쪽으로 편중되어 있었다. 피아노에는 수십 개의 흰 건반과 검은 건반이 있고, 그 모든 건반이 조화를 이뤄야 아름다운 음악이 완성된다. 과거의 나는 오직 흰 건반 위만 성급히 달리며 검은 건반을 애써 외면했던 것 같다.

지금은 피아노 위 두 건반처럼 해야 하는 일과 마땅히 누려야 할 일상이 균형을 이룰 때 조금 더 충만한 나만의 인생을 만들어갈 수 있을 것 같다는 생각을 한다. 이를 위해 내가 무엇을 향해 가고 싶어 하는지 생각해보고 조금씩 나아가고 있다. 이런 발걸음이 모여 만들어낼 내 인생의 작품은 과연 어떤 모습일지 무척 기대된다.

책임감

<mark>: 나를 살리는 책임이라는 덕목</mark>

책임감 있는 어른이 된다는 것

아나운서 오유경, 대표 오유경, 작가 오유경, 유튜버 오유경, 엄마 오유경, 아내 오유경, 딸 오유경, 친구 오유경, 시민 오유경, 한국인 오유경, 고양이 집사 오유경, 인간 오유경, 자연인 오유경….

현재 내가 책임 의식을 갖고 있는, 내 존재를 규정하는 다양한 명칭이다. 나는 일과 가정에 책임을 느낄 뿐만 아니라 사람이라면 마땅히 갖춰야 할 인간다움에 대한 책임, 자연과 공존하는 생명체로서의 책임도 느낀다. 나의 역할을 정리하다 보니 평소 생각하지 못했던 다양함에 놀라기까지 했다. 우리는 누구나 이렇게 여러 면모를 바탕으로 다양한 역할을 해내고 있다. 이름 앞에 나열된 단어는 타고난 것도 있고, 획득한 것도 있지만 공통점은 모든 역할에 기대와 책임이 함께한다는 것이다. 그리고 그 기대와 책임에 부응하는 것은 저마다의 삶에서 매우 중요한 일이다.

나는 언제나 가정에서는 해결사, 일에서는 프로가 되기를 추구하며 스스로의 삶을 책임지는 사람으로 살길 원했다. 하지만 순간순간 최선을 다했음에도 내 능력과 그릇이 부족하다고 느낄 때가 많았다. 인생 3막의 초입에 서 있는 지금, 내 역할에도 변화가 생기며 책임의 형태도 바뀌어가고 있다.

요즘 나는 직업인으로서 치열한 전장의 한가운데 있을 때보다 한결 홀가분해졌다. 동시에 새롭게 시작한 역할에 따르는 책임에 대해서도 다시 생각하고 있다. 거창한 직책을 맡은 것도 아닌데, 방송국을 떠나 지극히 사적인 삶을 영위하는 내가 새삼 책임에 대해 이야기한다는 것이 의아하게 여겨질 수도 있겠다. 하지만 책임은 내가 속한 공동체의 안녕과 평화, 행복을 위해 가장 필요한 덕목이라고 생각해왔다. 좋은 일, 선한 일을 하는 것도 중요하지만 내 자리에서 맡은 역할에 책임을 다하는 것만으로도 이 세상에 기여하는 바가 크다고 확신한다. 국어사전에서 '어른'을 찾아보면 '다 자라서 자기 일에 책임을 질 수 있는 사람'이라고 나온다. 어른이란 곧 책임지는 사람인 것이다. 그리고 자유의 크기는 곧 책임의 크기이기도 하다.

자기 일에 당당한 사람

일은 개인에게 자립을 하는 데 필수인 돈벌이 수단이자, 동시에 사회적 책임이라는 의미를 갖는다. 따라서 자신의 일에 책임을 다하는 사람은 어느 정도 사회에 기여하고 있는 것이다. 내가 한창 방송하던 당시에는 TV에 등장하는 아나운서가 방송 3사를 합해 수십 명에 불과했다. 나는 어떤 크고 작은 프로그램을 맡든 국가 대표 아나운서라는 생각으로 강한 책임감과 직업의식으로 무장한 채 25년간 아나운서 생활을 했다. 식중독에 걸려 바가지를 옆에 두고 토해가며 생방송을 하고, 살점이 떨어져 피가 철철 나는 손가락을 부여잡고 뉴스를 진행했으며, 생방송 직전까지 멘트 수정을 놓고 피 튀기는 싸움을 하기도 했다. 별의별 사건이 넘쳐나던 현장이었지만 나는 언제나 '방송에 책임과 최선을 다한다'는 마음으로 임했다. 누가 보면 요령 없다고 생각할 만큼 일에서 완벽을 추구하는 사람이었다.

손석희 JTBC 총괄 사장이 임기를 마치면서 보여준 행보는 시청자의 기대와 책임에 부응하는 프로다운 모습이었다. 그가 사장 임기를 마치며 순회 특파원으로 1년간 해외로 나간다는 기사를 읽었다. 그동안 수고를 많이 했으니 회사의 배려로 1년 외유를 나가나 보다 생각했다. 그리고 거인의 퇴장에 어울리지 않는 회사의 선물이라고 생각했다. 그런데 나의 부끄러운 예단이었다. 손석희 특파원은 한창 전쟁 중인 러시아와 우크라이나로 날아가 한반도와 동북아시아에 미치는 영향을 탐구하는 다큐멘터리의 호스트로 다시 등장했다. 세계경제를 흔들고 있는 인플레이션과 다가오는 경기 침체의 공포, 그리고 새로운 경제 패러다임이 될 것으로 보이는 신냉

전, 경제 블록화 현상은 이 전쟁으로 촉발된 면이 크다. 위험을 무릅쓰고 날아간 백전노장의 모습이야말로 책임감 있는 프로페셔널이자 어른의 모습이 아닐까.

누가 알아주지 않아도, 부와 명예가 따르지 않아도 자신의 자리에서 묵묵히 자기 일을 하는 사람들이 있다. 이처럼 자신의 일에 책임과 최선을 다하는 사람이야말로 자기도 모르는 사이에 공동체에 많은 공헌을 하는 사람이다.

그 누구보다 '나'를 위한 책임

사실 맡은 일에 책임지는 것은 나를 위한 것이다. 어떤 일에 소임을 다하는 건 내가 가장 크게 성장하는 길이기 때문이다. 내 안에서 방법을 찾고자 하는 사람은 더 큰 곳으로 나아가도 적합한 자리가 있다. 늘 강한 책임감과 열정을 갖고 활동하는 사람을 떠올려보자. 그의 에너지는 자연스레 밖으로 스며 나와 오라가 된다. 내면의 에너지가 사람을 빛나게 만드는 것이다. 그 사람들은 자신이 맡은 자리 때문에 빛나는 게 아니라 스스로 빛난다. 그리고 그 빛을 주변에까지 비춘다. 이처럼 책임감 있는 어른은 존재만으로도 주위를 빛나게 해준다. 책임의 크기는 곧 그 사람의 크기다. 어른으로서 책임을 갖는다는 건 삶의 부담이 아니라 삶의 반경을 넓히는 일이다.

그러니 회사나 가정에서 책임의 무게가 자신을 짓누르는 것 같아 힘들게 느껴진다면, 주변을 향해 빛을 내뿜는 자신을 상상해보자. 당당하고 멋진 어른으로서 오라를 지닌 자신을 말이다. 책임을 다하는 사람의 세상은 분명 넓어질 것이고, 그러한 삶에 후회는 적을 것이라 믿는다. 언제까지나 나를 위해 책임과 역할을 해내는 멋진 어른으로 살고 싶다.

에필로그

그저 오늘의 삶에 감사할 뿐

이 책을 마무리하는 지금, 모든 것이 그저 감사할 따름입니다. 꿈꾸고 좌절하고 사랑하고 원망하고 기뻐하고 슬퍼한 삶의 모든 순간이 감사합니다. 사랑하는 가족이 있다는 것, 건강하다는 것에 감사합니다. 저를 평창동 라이프로 이끈 것은 상상해본 적도 없는 행운이었습니다. 제 인생에서 행운은 없다고 생각하며 노력하고 살았습니다. 그런데 이제 보니 제 삶은 행운의 연속이었습니다. 저만 몰랐을 뿐이죠. 내 힘으로 이루었고 내 노력으로 만든 줄 알았던 모든 성취가 사실은 남의 덕이었다는 사실을 깨닫게 됩니다. 감사를 몰랐던 지난 날보다 모든 것에 감사하는 지금이 훨씬 행복합니다.

어른 연습

첫 책을 세상에 선보이게 된 것도 순전히 남의 덕입니다. 여기저기 조금씩 남아 있던 온라인상의 흔적을 통해 저를 발견하고 '어른'이라는 주제를 제안한 출판사에 감사합니다. 제가 이 글을 포기하지 않고 완결할 수 있었던 것은 오직 한주희 에디터님 덕분입니다. 그녀는 긍정과 공감으로 제게 용기를 주었습니다. 이 글을 쓰는 내내 그녀는 제게 어른이었습니다.

저의 부족함은 여러분의 경험과 지혜로 채워지리라 생각하며 《어른 연습》을 여기서 마무리합니다. 이 글을 끝까지 읽어주신 독자 여러분께 진심으로 감사드립니다.

어른 연습

초판 1쇄 발행 2023년 12월 15일
초판 3쇄 발행 2024년 4월 20일

지은이 오유경

발행인 유영준
편집팀 한주희, 권민지, 임찬규
마케팅 이운섭
교정교열 고영숙
디자인 형태와내용사이
인쇄 두성P&L
발행처 와이즈맵
출판신고 제2017-000130호(2017년 1월 11일)

주소 서울시 강남구 봉은사로16길 14, 나우빌딩 4층 쉐어원오피스(우편번호 06124)
전화 (02)554-2948
팩스 (02)554-2949
홈페이지 www.wisemap.co.kr